江戸の学びと思想家たち

辻本雅史
Masashi Tsujimoto

岩波新書
1903

目次

目　次

序　章

知のつくられかた

岡落葉「ある小藩の藩学における素読教授の図」(石川謙『日本学校史の研究』小学館，1960年)

「型の喪失」

評論家の唐木順三《からきじゅんぞう》（一九〇四―一九八〇）は、明治二〇年前後の生まれを境にして、明治の知識人の間に明確な切断線を引く。それ以前の生まれの「明治第一世代」は、森鷗外、夏目漱石、幸田露伴、二葉亭四迷、内村鑑三、西田幾多郎、それに永井荷風もこの世代に入れて考えている。次の「明治第二世代」は、第一世代の門下生にあたる知識人たち。かれらは、大正六―七年（一九一七―一九一八）ころに「大正教養派」を形成する人たちである。漱石門下の阿部次郎（一八八三―一九五九）の『三太郎の日記』に見られる知識人類型こそ「教養派」の「見本」だという（『現代史への試み――型と個性と実存』）。ちなみに、『三太郎の日記』の「青田三太郎」は、多数の西洋古典の読破と内省的な思索を重ねて自己探求に努める若者である。同書は、教養主義者のバイブルとして、戦後も含めて、長らく学生の必読書とされてきた。

唐木の世代論の大きな特徴は、第一世代を、幼いころに「四書五経《ししょごきょう》の素読《そどく》」をうけた「素読世代」だと規定することである。四書五経とは、儒学の主要な古典すなわち「経書《けいしょ》」のことで、四書は『大学《だいがく》』『中庸《ちゅうよう》』『論語《ろんご》』『孟子《もうし》』、五経は『易経《えききょう》』『詩経《しきょう》』『書経《しょきょう》（尚書《しょうしょ》）』『春秋《しゅんじゅう》』『礼《らい》記《き》』をさす。本書でたびたび登場することになるので、記憶にとどめておいていただきたい。

さて唐木は、かれら第一世代には、天下国家を論じる「経世済民《けいせいさいみん》と修業への意思が根本に」あり、何よりも「形式と型と規範」が保持されていたことを強調してやまない。それに対して第二世代の教養派にとっての「教養」とは、儒教的な「修養」に対置した概念であったとする。かれらは、「型にはまった形式主義」をきらい、それに代わって「自らの内面的な中心」としての「個性」を拠り所に、古典的な書物を通じて自分自身が何者であるのか、見きわめていこうとする。このように教養派を、読書と個性の重視をもって特徴づける。

こうした理解を前提に、唐木は、教養派知識人たちは思想的に脆弱であったという。とりわけかれらは、おのれの個性や価値をいかに社会(国家や政治、経済、民族等)のうちに活かすのか、といった世俗的観点を軽蔑もしくは軽視した。おのれの内面に閉じた「個性」に依拠する点に、教養派世代の弱さを見てとり、芥川龍之介の自殺にその典型例をみいだす。そして、教養派のこの脆弱さの根本に「型の喪失」があったと唐木はいう。とすれば、唐木のいう「型」とは何か、それが次の重要な問題となってくる。

素読世代

唐木がいう「型」を保持していた世代とそれを喪失した世代との断絶を、〈知のつくられかた〉という観点から考えてみたい。そもそも人間の知は、虚空に突如として湧き上がるものでもなく、神の啓示のように天から授かるものでもない。一般に、幼少期からの人間関係や自然・社会・文化などの環境下で得る情報や生身の体験によって、長い時間の経過のなかで形成されていくものであろう。そうしたプロセスの全体が〈学び〉であるととらえてもよい。

明治第一世代を唐木は「素読世代」とよんだ。素読についてはこれから本書で取り上げることになるが、六歳前後から始める儒学の基礎学習のことである。「句読《くとう》」ともいう。江戸時代、多少とも学問に接する子どもは、例外なく四書五経などの経書を素読することから学習を始めた。テキストの意味理解は問わないままに、その全文が流れるごとく口を衝いて出るようになるまで暗誦する。この素読のことを、私は「テキストの身体化」ととらえている。テキストを見なくても、その文章が自在に口を衝いて出てくるならば、テキストをまるごと身体内部に取り込んだことと同じになる。素読とはまさに幼少期の、身体をともなった学びの体験である。ただし素読は、学問に向かう子どもに限った学習で、文字の学びを基本とする手習塾(寺子屋。第一章参照)では、素読は原則としておこなわなかった。

江戸時代の知や思考は、この素読によってつくられた。そう想定される。そして、唐木のいう素読世代には、素読体験で培った〈知の型〉や〈思考の型〉があったということになる。

近代学校の始まり

明治第二世代の「型の喪失」は素読体験がなかったことに起因する、と唐木は考えた。ではこの世代の知は、どこでどのようにつくられたのか。要するに学校である。明治政府は明治五年(一八七二)に「学制」を制定し、欧米モデルの近代学校の導入を急いだ。明治二〇年生まれの子が小学校に入学するのは明治二六―二七年。そのころ小学校への就学率は六〇%に近づいていたが、ほどなく国民のだれもが学校に行くのが当たり前の時代になった。その画期は、明治三三年(一九〇〇)の義務教育の無償化で、この年に就学率は八〇%を超えた。

それ以降の知識人たちは、ほぼ例外なく学校で学んだ。そして、国家の制度に組み込まれた学校での学びはまた、素読が学びから消えたことを意味している。それから今にいたるまで、教育の基本的な原理は変わっていない。学校は量的に拡充し在学期間は長期化の道をたどり、学校教育は質的にも深化していった。世紀転換期ころから、子どもの教育の全体を学校がおおう時代になったのである。

近代の学校教育は、文字や数の学習から始まり、学年とともに教科に分かれていく。大学では、学部・学科・コースなど、専門化と細分化が進んでいく。いまや子ども期のほぼすべて、大学まで含めれば成人の一部まで、延々と学校という教育の場で学び続けている。とすれば、こんにちの私たちの知は、その大半がこの学校教育によってつくられていると考えなければならない。それをここでは〈学校教育の知〉とよんでおこう。

学校教育の知

〈学校教育の知〉とは何であるのかを考える前に、なぜ明治になって学校教育の制度が一斉に始められたのか、その理由から考えてみたい。それはひと言でいえば、近代国家を成り立たせるために欠かせない制度だからである。近代世界の秩序は国家を単位としており、国家は内部に国民をかかえてできている。いわゆる国民国家である。その国民、「日本の国民」をつくる場が学校にほかならない。国家にとっては、国民としての意識はできるだけ同質であることが望ましいから、学校教育が画一的になっていくわけである。

この制度のもとで、学校教育を根っこのところで支える知は何か。それは近代学問である。今の私たちがその恩恵を享受している近代文明は、まぎれもなく〈近代の知〉がつくり上げてきたものである。近代以後に生きていくためには、この〈近代の知〉の学びは避けられない。

では〈近代の知〉はどこで保証されているのか。ほぼ大学においてである。大学はその知の集積場として制度化され、学校体系の一番上に位置している。そして、それを根拠づけているのは、近代科学、サイエンスである。近代科学とは、文字や数値で一義的に確定された客観的事実を透明な形式論理でつないで「実証的」に確定していく。〈近代の知〉はこうした科学の手続きを要求する。

この学問の手続きは、自然科学だけのものではない。社会科学や人文学でも原理的には変わらない。たとえば文学作品への感動を言葉を尽くして記してみても、(それが文学作品となることはあっても)学問とはみなされない。「問い」にもとづいて設定された「仮説」を、「客観的事実」を論理的に組み立てて証明するという「科学的」な手続きが欠かせない。王朝文学研究でも、研究論文である限りは、そうした方法で作成しなければならない。

こうした大学の学問がいまの学校教育を支えていることは、学校の教科書の執筆者を見ればすぐにわかる。責任著者はほぼ大学教授と決まっている。小学校の教科書でも同じである。小学校は言葉や文字、数を学ぶ学習から始まり、学年が上がり、中学校、高等学校と上級学校に進むにつれて教科は細分化され、その向かう先は大学の学問である。別言すれば、大学の学問が、高校、中学、小学校へと下がって、子どもの発達段階に応じて、カリキュラムにプログラム化されて教えられている。子どもは段階的に設計されたカリキュラムを学習することで、近代の知を獲得してゆく。〈学校教育の知〉は、このようにして子どもたちに伝えられている。

学校教育と教養派知識人

近代科学は外界を客観的に対象化してとらえるから、自己の「外側」に向かう知といってよい。そのため、主体、ひらたくいえば人の「心」の問題が組み込まれていない。キリスト教文化の社会では、人間の内面は宗教の領域に属することがらで、学校で扱うことではなかった。しかしキリスト教の文化伝統をもたない日本では、人の内面の問題は別の方法であつかわなければならなかった。明治政府はその空白部を「日本という国家」の価値で埋めようとした。いわゆる国家主義の教育がそれであり、おもに「修身」や「国史」に組み込まれた。さらにその理念を「教育勅語」として明文化し、子どもたちに暗誦させ身体化をはかった。

こうした学校教育とは別のスタンスで、その空白を「教養」で埋めようとしたのが、先の大正教養派知識人たちであった。その前提に、欧米から学んだ「近代的自我」の確立を求める人間観があった。これを個性の価値に置き直して、自己の内面を鍛えるために幅広い読書による知識の獲得をめざした。唐木はその「教養」に脆弱性をみてとったが、それは教養派に限る問題というより、むしろ日本の近代知識人に通底する歴史的な脆弱性でもあるだろう。唐木は「思考の型」「形式と型と規範」がもつ重い意味を認めていた。私はそう読み取っている。

知の身体性

唐木は「型」に関連して、身体性に着目している。「四書五経の木版刷の大きな文字に向かって、朱点を入れたり、扇子をもって読んだりする」ような素読の仕方により「精神が逆限定をうける」。身体的な動作をともなう素読が、精神の形成、ひいては人間形成に大きな意味をもつというのである。

ことは素読に限らない。仏教での写経や西欧中世の古典の筆写、寺院や修道院内での仏典や聖典の朗誦も、身体動作をともなっている。他方、大正教養派の読書は書斎での黙読、しかも「無個性な活字の黙読」であるため、すでに読むことの意味が変質してしまったという。学校教育も、「無個性な活字」を黙読することに通じる知にほかならない。ここで抜け落ちたのは〈知の身体性〉である。そのことは、近代科学に人間の内面の問題が抜け落ちていることと対応しているにちがいない。

本書は、江戸の思想家とその思想をあつかう。取り上げるのはいずれも、素読による学びを前提にした思想家である。ただし、第五章の石田《いしだ》梅岩《ばいがん》だけは素読体験がなかった。しかしその梅岩も、素読を基礎におく儒学を意識し、それと対抗的に思想を語ったという意味で、素読を前提としていたことに変わりはない。

江戸の思想家たちは、素読――〈知の身体化〉――を共有しつつも、実に多様で個性的な思想を展開した。素読という「型にはまった」学びを前提にもちながら、なぜかくも豊かで個性あふれる思想群が躍動したのか、この逆説にみえる現象を、〈学び〉と〈メディア〉の視点から考えるのが本書の重要な論点である。

アジアの思想伝統の不在

日本の近代思想は、ほぼ例外なく、欧米の近代思想を意識して展開されている。それに追随するにしろ対抗するにしろ、欧米思想を抜きに日本の近代思想は語れない。思想だけではない。政治や経済はもちろん、文化まで欧米をモデルに展開した。国民を教育するシステムも、その内容まで含めて欧米モデルをもとに組み立てていった。前代までの知のつくりかたや技法は、ほぼ棄て去られた。何かを「真似ること」は斥けられ、己の思うことを思うさまに表現するオリジナリティが、「個性」として尊重された。

その結果、少数の研究者を除けば、前近代の日本の思想は、現代世界と縁遠い、まるで化石化した歴史の遺物であるかのようにみられている。知の伝統が、近代の学問のうちに正当に位置づけられているとは思えない。早い話、いま大学で語られる学問をみればよい。たとえば哲学で、前近代日本の思想に言及することはまずない。教育学で、伊藤仁斎《いとうじんさい》や荻生徂徠《おぎゅうそらい》、本居宣長《もとおりのりなが》の思想研究への言及も皆無に近い。他の領域でも大同小異であろう。

しかし、である。幕末きっての洋学通といわれた佐久間象山《さくましょうざん》(一八一一―一八六四)や横井小楠《よこいしょうなん》(一八〇九―一八六九)の思想の枠組は、儒者のものであった。次の世代の中村正直《なかむらまさなお》(一八三二―一八九二)も、もと幕府の学問所の生粋の朱子学者。かれは、ロンドン留学中に素読を欠かさなかった。「東洋のルソー」といわれる中江兆民《なかえちょうみん》（一八四七―一九〇一）は、ルソーの思想にふれたとき、改めて経書を読み返した。その翻訳『民約訳解《みんやくやくかい》』は漢文で書かれた。儒学的思考型式を土台にしてこそ、欧米の知を自らのものとすることができたのである。洋学派の最右翼たる福沢諭吉（一八三四―一九〇一）も含め、いずれも唐木のいう「明治第一世代」よりも前の知識人。素読で知を育んだ世代であった。かれらが江戸期の学びをもとに、欧米近代の知を吸収していたことは、もっと重視されてよい。

メディアの視点から

本書は江戸時代の思想を取り上げる。江戸の思想をどのようにとらえるか。ふつうは思想家が何を考えたのか、その思想家になったつもりで、書かれたテキストを読み解き、その「本当の」思想を再構成するアプローチが基本だと思われがちである。私もかつてはそのように考えてきた。しかし本書では、思想を歴史のなかで考えたい。当時の社会空間や知の空間の「現場」に立って、その思想が生みだされた文脈を考えてみたい。そのために本書では、〈メディア〉という視点を取り入れる。

思想は虚空に湧き上がるものではない。そう先に述べた。まず思想家たちの幼少期における〈知のつくられかた〉に着目する。子ども期に何をどのように学んだのか、その〈学び〉の在り方を重視する。近代思想の根っこには画一的な学校教育の学びがあるが、江戸時代は、素読という方法を除けば、ひとりひとりの学びの事情が異なっていた。その根本にある〈知のつくられかた〉のちがいが、その後に形成される思想に大きな刻印を残し、その刻印が思想の個性を形づくる要因となるだろう。

たとえば、山崎闇斎《やまざきあんさい》は禅宗寺院で若年期を過ごし、伊藤仁斎は京都の上層町衆の文化世界の空気を吸って成長し、荻生徂徠は日記を漢文で書く訓練を受け、農村で独学自習をおこなった。貝原益軒《かいばらえきけん》は和文の出版書を独りで読み、商家の奉公人だった石田梅岩は町の講釈を聞き廻り、本居宣長は歌会の日常を生きた。こうした幼少・若年期の学び体験のなかで、知識や情報をどのような場で、どのようなメディアを通して得たのか、それが〈知のつくられかた〉に大きな意味をもっていた。

もちろん問題は、思想形成のプロセスにとどまらない。思想家たちが、自らの思想をどのような形で、どのようなメディアを通じて語り、発信したのか、たとえば漢文か和文か、口頭か出版書か、さまざまである。〈思想を語るメディア〉の在り方にこだわるのは、それが受け手の在り方と密接に関わるからである。徂徠が記す漢文では一般民衆には届かないが、梅岩の口語講釈ならだれもが受けとめられる。語るメディアの在り方が思想の受け手を決め、だれに向けて語るかにより、語るメディアが選択される。たとえば、平田《ひらた》篤胤《あつたね》がなぜ地方の名望家たちに支持され、幕末の政治運動の駆動力になったのか、知の発信メディアの視点から、そのメカニズムが見えてくる。メディアに着目することは、思想の社会史・文化史的な位相を見ることにつながってくる。

かのマクルーハン・テーゼ、「メディアはメッセージである」とは、伝達メディアと伝達される知とが相互を規定する関係にあることを意味している。近代学校が、国民に知を伝達する国家の手段であるとすれば、学校自体が壮大な〈知の伝達メディア〉に見えてくる。本書は、学校という近代日本のメディアを意識の片隅におきつつ、江戸の思想とそのメディアの多様な姿を追ってみる。その結果、江戸思想史の新たな風景が見えてくるだろう。あわせて、私たち自身の知の現在と、そしてこれからを展望する論点も探ってみたい。それが本書に込めた私の意図である。

第一章

「教育社会」の成立と儒学の学び

閑谷学校講堂(国宝．画像提供：備前市教育委員会)

江戸時代の思想家たちは、いかに学び、どのような知をつくり、いかなる方法で社会にコミットし、影響をもたらしていたのか。こうした課題を考えるために、まず本章では、当時の社会の学びの基盤と知の在り方を確認しておきたい。いわば思想が「演じられる」ための「舞台」とその「しつらえ」、そしてそれを受け取る「観客」についての基本的な構図を共有しておきたい、ということである。

本章では、(1)文字の普及と「文字文化」の共通化、(2)新たなメディアとしての商業出版の出現とそれにともなう知の変容、(3)儒学の学びとその特徴、(4)多様な学校の登場と「教育社会」の成立、おおむねこれらのことを述べておきたい。

1　文字の普及と文字文化

文字社会の成立

江戸時代は「文字社会」として成立した。ここでいう「文字社会」とは、文字を使うことを前提にして仕組みができている社会のことである。文字を知らなければ損をする社会、と言った方がわかりやすいかもしれない。

もとより政治の世界における文字使用は、古代律令制とともに始まった。律令制は中央集権体制であったから、中央政府と地方官庁との間で文書のやり取りが欠かせない。だから律令官人には、中央・地方を問わず、文字リテラシーが求められた。中世でも、幕府や朝廷・荘園領主と地方との意思疎通はたいてい文書でなされていた。だから荘園管理にあたる荘官《しょうかん》(おおむね地方の上層武士)には識字能力があった。また中世末の惣村《そうそん》は農民自治が基本であったので、村の支配層である有力農民(半ば武装した在地の武士、地侍)にもある程度の文字使用が浸透していた。ただ古代の律令官人はほんの一握りにすぎず、中世の荘官やそれを支える武士層も限られた人たちであった。また中世の惣村はおおむね畿内近国の先進地帯に限られていた。だから文字文化に全国的な広がりがあったわけではない。

江戸時代の文字使用

江戸時代になると様相が一変した。民衆生活の日常でも、当たり前のように文字を使うようになったのである。なぜそうなったのか。それを考えるためには、近世社会の「兵農分離」の説明から始めなければならない。

中世は、武士が村に住み生産にも関わる兵農未分の社会だった。それゆえ領主は生産民に対

京都町触の冊子(『京都町触集成』第1巻，岩波書店，1983年)

して直接的な人身支配が可能であった。しかし織豊政権から江戸時代にいたる過程で身分が固定化し、兵農分離が進んできた。兵農分離のもとでは、支配領主層は、生産現場から離れて都市(城下町)に集住する。都市に住む「兵」が、空間的に隔たった村の「農」(漁民・山民も含め、生産民全体の総称。百姓)を支配する。だから明文化した法令や文書が欠かせない。つまり行政が「文書主義」になったのである。逆に言えば、近世には文書で統治できるほどに、民衆にも文字が使われ始めたのである。

　幕藩領主から法令文書類が町・村の名主たちに示され、お触書《ふれがき》が文字で高札に書かれ、辻々に立つ。重要な政治情報が文字で示される時代となった。民衆は、こうした公文書類を冊子などに綴じて手許におき、日々参照していた。その冊子は膨大な量に上るが、それらを知らなければ社会の決めごとや世の秩序に障ることになりかねない。いまでいえば六法全書にあたるだろう。

　事情は上からの行政文書に限らない。下から上への報告や上申、陳情、訴訟の類にいたるまで、定められた形式の文書にしなければ受け付けてもらえなかった。そのため文書を代筆する代書屋が、職業として成立していた。要するに江戸時代の政治は、それに関わる者が読み書き能力をもつことを前提にしてシステムがつくられていた。この意味で、まぎれもなく「文字社会」になっていたのである。

兵農分離下では、村内政治は村民自治でなされた。村役人は有力村民が務め、年貢の納入も村で責任を負う「村請制《むらうけせい》」であった。戸別の年貢割付は、検地帳をもとに石盛《こくもり》(反当り平均収穫高)に面積を掛けた米の収穫高によって計算されるのだが、それは村役人のいちばん大事な仕事であった。だから村役人は、高度な書記と計算の能力がなければ務まらない。生産力を上げるために新田開発が意欲的に取り組まれたが、それには水利事業が欠かせない。水利事業は、高度な測量術や土木技術がその成否を分ける。上との政治交渉や村の生産力向上のためにも、民衆には識字と数学の能力が欠かせなかった。文字を通した知的能力の獲得こそ、民衆が歴史のなかで成長していくための重要な糧となったのである。

都市の発展と商業

兵農分離は、都市の一定の発展があってこそ可能な体制であった。武士たちが居住する都市は、貨幣を使う消費経済である。領主財政は農民から収納した年貢米に依存していたから、大量の年貢米を売却して得た貨幣が、領主の歳入になり、それが消費経済の基軸になる。大量の

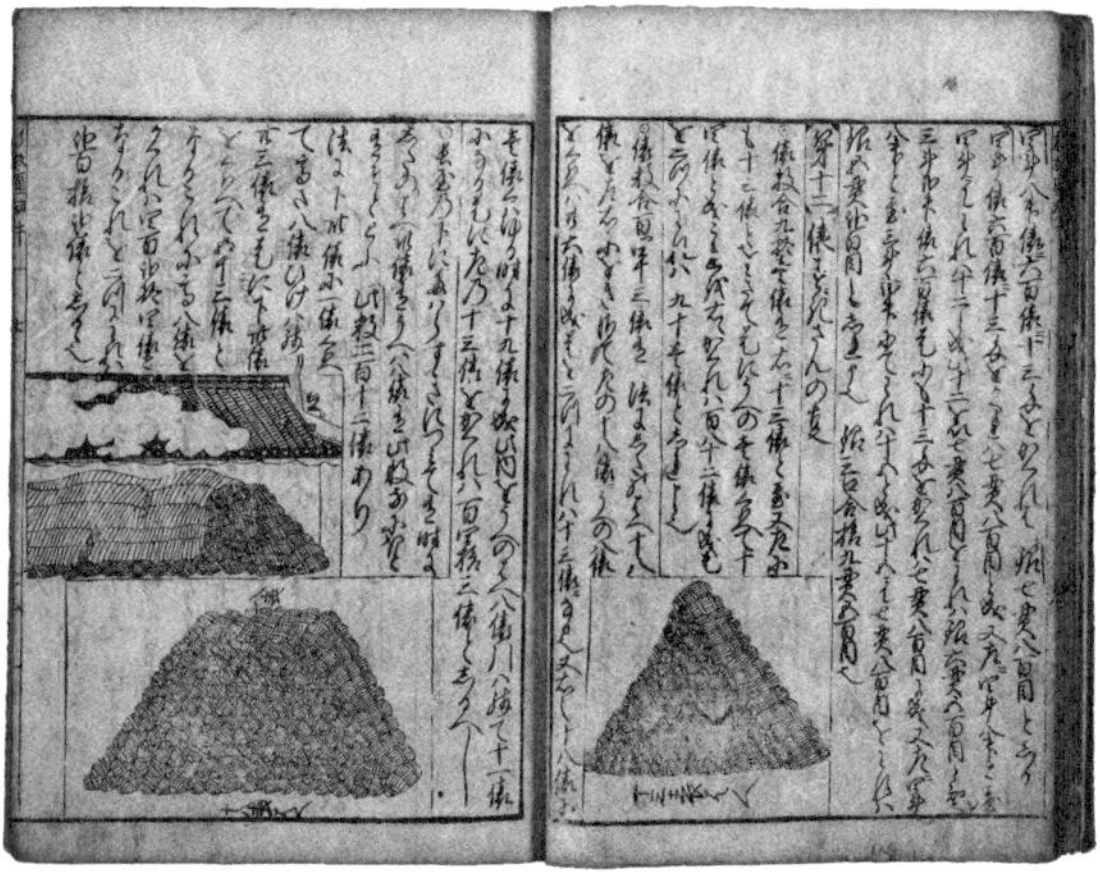

『新編塵劫記』第３巻より．積み上げた俵の総数を求める「俵杉算」を解説している（国立国会図書館デジタルコレクション）

年貢米の換金には、全国的な商品流通網とそれを動かす商人の存在が欠かせない。一七世紀半ばすぎに列島を取りまく海運網が整備され、年貢米の流通ルートが確立した。大坂（中央市場）、京都（古来の政治・経済・文化の拠点）、江戸（政治権力の中枢）という、人口三五―一〇〇万を擁する特別な大都市が成立し、「三都」とよばれた。三都が全国流通網の結節点となり、このネットワーク上を、人・もの（商品）・貨幣、それに文化や情報が激しく行きかう。それが江戸時代なのである。

　都市の需要を満たす商品は、農民が生産し商人に売却する。商品作物を栽培するとなれば、村の農民も貨幣経済と無縁ではなくなる。都市の商人相手に、一方的に買いたたかれるわけにはいかない。この意味でも、農民に文字と計算の能力が必要となった。

『塵劫記《じんこうき》』という算数書がある。京都嵯峨の豪商・角倉《すみのくら》一族のひとり、吉田光由《よしだみつよし》が寛永四年(一六二七)に初版を刊行した。算盤、通貨の両替、利子計算、米の売買、面積・体積の求積、検地、租税、土木工事の測量計算など、日常生活に必要な数量計算法や数学的知識が独習できるように編纂されている。わかりやすい挿絵や解説もついている。改訂を加えつつ版を重ねた。やがて「塵劫記」の名称が実用算数書の代名詞となり、「〇〇塵劫記」と銘打った類書が後を絶たず、明治の版も含めれば四〇〇種はゆうに超える。次に述べる手習塾(寺子屋)の学習用テキストにも使われていた。

つまるところ、都市・村を問わず普通の人びとが文字と算数の学びを必要とした時代、それが江戸時代であった。現に、近世の古文書の量は、中世のそれに比べて桁違いに多い。これは、古文書調査の体験者ならだれもが知っている。文字使用の点で、江戸時代は間違いなく新たな時代に入っていた。

手習塾の登場

では、民衆は文字をどこで学んだのか。手習塾である。一般には「寺子屋」の名で知られているが、寺子屋はおもに上方だけで使われた用語で、全国的には、「手習」もしくは「筆道《ひつどう》」

を教えるという意味の「手習指南所」「筆道稽古所」などの名称が通用していた。文部省が明治初年の公文書に「寺子屋」の語を使ったことがこの用語普及のきっかけであった。しかし「手習塾」の方が実態に近く、意味にもまぎれがない。本書では「手習塾」を用いる。

手習の習慣は古代の貴族の日常にすでにあった。しかし日々の労働から離れて子どもが文字を学ぶ場と、そこで教える職業教師(師匠)の登場は、日本史上初めてのことであった。江戸時代は、文字学習史でも新たな歴史の段階を迎えた。

手習塾はどのくらいあったのか。識字率と相まって、江戸時代の教育力を示す指標として関心の高いテーマである。しかし正確な数字を示す史料は見当たらない。断片的な資料からの推測の域を出ないが、以下、若干の例を示してみよう。

享保七年(一七二二)の幕府儒者・室鳩巣《むろきゅうそう》の書簡に、江戸に「八百余人」の手習師匠がいるとの伝聞が記されている。江戸の町数は、その九年前の史料では九三三町。また江戸の町の多さを俗に「八百八町」という。こうした数字をもとに推察すれば、「八百余人」というのは、「八百八町」に倣った可能性がある。とすれば、どの町内にも師匠がいるといった感覚だろう。おおむね子どもの生活圏内に、手習師匠が一人程度はいたと想定しても大きくは誤たない。

「筆子塚《ふでこづか》」に注目した研究がある。筆子塚とは、手習師匠の墓のこと。かつてそこで学んだ手習子たちが共同で作った恩師の墓である。現にいまも相当数残っている。川崎喜久男は、千葉県内墓地をすべて調査して、三三〇〇基余りの筆子塚を確認した(『筆子塚研究』)。消滅した塚や塚自体の建立がなかった師匠を含めると、この数字をはるかに上回る師匠が、いまの千葉県内に実在していたのである。また元禄(一六八八―一七〇四)のころ、大坂南部の河内大《だい》ヶ塚《つか》村で庄屋を務めた壺井《つぼい》可正《かしょう》は、貧富の別なく、能筆でなくとも「人並み」の文字能力が必要であると強調していた(『河内《かわち》屋《や》可正旧記《かしょうきゅうき》』)。

その他の個別研究もふまえていえば、時代や地域により精粗のちがいは小さくはないが、手習塾はおおむね列島全域に普及していたと想定してよい。その気になれば子どもの通学圏に、一つや二つの手習塾があったと考えてまちがいない。ただ識字率の観点からは、列島は一様の平面的広がりではなかった。地域差や性差、職業差のちがいが大きく、おおむねまだら模様の様相を呈していた(ルビンジャー『日本人のリテラシー』、大戸安弘・八鍬友広編『識字と学びの社会史』)。

「書礼」の学習

では、手習塾では何が学ばれていたのか。

①文字の「書き読み」(「読み」ではなく「書く」ことから始める)、②流麗な能書のわざ、③社会的・職業的な知識、④生活上の道徳的規範、などである。後述する儒学の学問塾では素読から

入るが、それに対して、庶民が通う手習塾では読み書き、とりわけ書くことから学び始めるのに注意していただきたい。ここでの「書き読み」というのは、文字が読める／書けるというたんなる識字能力のことだけではない。文書作成上の約束事や文字を書くことに関連した知識の学習を含んでいた。文書には、定まった書式や用語法があり、それらは一種の「礼法」と意識されていた。「書礼《しょれい》」もしくは「書札礼《しょさつれい》」と呼ばれるものである。手習塾では、読み書きだけでなく、社会生活に必要な書礼を併せ学んでいたのである。

例を手紙文にとれば、一年二十四節季に応じた挨拶用語、相手の身分や男女に応じた書法や用語の使い分け、祝い・見舞い・時候挨拶など、用件ごとのコードがある。加えて、祝状ひとつでも、婚礼・出産・元服・昇進・賀寿等々、祝いの種類ごとに限りなく分節化され、相応の用語や規範がある。学ぶことがらは限りなく多かったのである。

それに政治文書(たとえば年貢減免の請願や境界をめぐる訴訟など)、職業的文書(たとえば商いでは仕切・領収書・請求書・契約書・借金証文など)の書式や知識が、手習いの形で学ばれる。八鍬友広《やくわともひろ》は、寛永一〇年(一六三三)、出羽国のある旗本領における白岩《しらいわ》一揆で一揆勢が提出した訴状が、東日本各地で筆写されていた事実を発見し、一揆訴状を「往来物《おうらいもの》」(手習用教科書)に仕立てた一群の「目安往来《めやすおうらい》」の存在を明らかにした(『近世民衆の教育と政治参加』)。また「三行半《みくだりはん》」さえ手習われた形跡がある。三行半とは、事書(表題)・本文・日付・差出人・名宛人からなる離縁状のこと。書式や用語にわずかの地域差をみせながらも定型化して、全国に浸透していた（高木侃『増補　三くだり半』）。

御家流

手習塾で教えられる書流は、ほぼ「御家流《おいえりゅう》」で統一されていた。御家流とは、青蓮院《しょうれんいん》流系の和様草書連綿体の書法で、幕府がそれを公文書に採用した。幕府と文書往来が多かった諸藩もこれに倣った。その結果、地域や身分の別なく、民衆層にいたるまで、御家流に染まっていった。幕府の採用が御家流普及の最大要因とみられるが、幕府がこれを奨励したり強制したりした事実はない。多様な書流が併存していた中世に比べて、近世文字文化のこの均質化の現象は、いったい何を意味するのか。圧倒的な幕府権力の反映とも、文書行政主義の結果ともみられなくはないが、政治的要因だけでは考えにくい。それを必然化させる文化的要因が近世にはあったのではないか。ここではそれをとりあえず〈文化の近世的特質〉といっておきたい。これについては、後にさらに考えてみる。

このように近世の文書は、書式のみならず書体まで定型化が進み、全国的な共通化が進んでいった。このことが近世の文化や教育、ひいては日本の近代を考える上に重要であることを確認しておこう。

ただし、学問の世界に住む文人たちは、文事や学問に関わる限り御家流を用いることはなかった。漢文が原則であったかれらは、楷書かせいぜい行書。和文を綴る際も、内容が文事に関わる限りその原則を守った。このような書法の使い分け自体が、教養の程度を示すひとつの書礼であった。

文字文化の共通化

文字を書くことは、他者と情報を取り交わす行為にほかならない。それゆえ「礼」を要する人倫間の行為と意識され、煩瑣な約束事や慣例が重んじられたのである。文字にも、漢字・カタカナ・ひらがなの三種があり、それに草書・行書・楷書の三書体が加わり、時と所と用途に応じた使い分けが求められた。貝原益軒についてはいずれ章を改めて論じるが、かれの『三礼《さんれい》口訣《くけつ》』を見れば、この書礼の体系がいかに詳細で煩瑣なものか理解できる。文字でのやりとりは、後々まで残るぶん、口頭よりも改まった緊張を要する行為であった。書かれた文字への信頼感がこの前提にあったろう。膨大な文書が書かれ、それらを捨てずに保存する心性が、近世人には確かに強かった。残された大量の近世文書群はそのことを物語っている。

他方、口頭での話し言葉は地方差が大きかった。全国各地から人が集まってできた江戸の町では、お国訛りで出身地が判別できたという。他国者どうしが、口頭で支障なく意思疎通できたとは考えにくい。ところがひとたび文字を介すれば、書式、文体、用語、書体にいたるまで、ほぼ地方差はなかった。共通の書記言語が流通していたのである。書礼が体系化され、書流が御家流に収束していった〈文化の近世的特質〉のひとつの原因は、この点にあったのではあるまいか。御家流の普及を政治的要因だけで説明できないと先に述べた理由は、ここにある。

ウォルター・J・オングによれば、言語は「書くことを通して整序され」、国民に共有された「国語」の地位を獲得する（『声の文化と文字の文化』）。つまり、やがて日本近代が国民国家として成立し、近代教育が速やかに浸透していく前提に、近世における文字文化の共通化があり、「国語」の成立が準備されていた。近世に「文字の国民国家」の原型が形成されていたといってもよいかもしれない。

ちなみに文人が常用する漢文は、中国・朝鮮・琉球など東アジア漢字文化圏に共通の書記言語であった。音声言語では意思疎通がかなわない異言語間でも、漢文を書けば意思疎通に支障はなかった。そもそも漢文は、音声言語と乖離度が著しい文字言語であり、中国において書記言語として整序されたと考えてまちがいない。加えて、東アジア漢字文化圏では経書などの漢籍も共有していた。朝鮮通信使や長崎での朝鮮や中国語圏の人びととの文字を通した交流は、たんに意思疎通の水準にとどまらず、思想や文学などの領域にも及んでいた。

このことは、「読むこと」よりも「書くこと」を中心においた近世の学びと深く関わるだろう。先述の近世の文字文化の均質化は、「書くこと」を中心とした文字学習に支えられていたと想定できる。ちなみに、アルファベット文化圏では、「話すこと」から始める学習がおこなわれてきた。いまの学校教育でも、「書くこと」よりも「話すこと」が優先されているという。いっぽう、日本では、漢字をノートの升目に沿っててていねいに埋めていく書写学習が、小学生の教室の例外ない風景となっている。先に、近世の学びと近代における学校の学びとの断絶を強調したが、文字学習については、「話すこと」よりも「書くこと」を優位におく学習の文化が、現在も日本に根づよく生きている(添田晴雄『文字と音声の比較教育文化史研究』)。現にいまでも、文字は正しく書くだけでなく、きれいに書くワザが求められている。書写学習では、同じ文字を繰り返し書いてきれいに書くワザを身に付ける——身体化することが大事だと思われている。手習塾での「手本」通りに繰り返し手習いする学びかたと、変わるところがない。たとえ学ぶ内容が変わっても、身体化する学びの文化自体は、(弱々しくなりつつも)気づかないままに、いまに通底している。

2　商業出版の登場

一七世紀日本のメディア革命

文字社会の成立は、商業出版の出現と深く関わっていた。印刷や出版は古代に始まり、中世にもあった。しかしそれらは政治や文化の特権層のためのものであり、商業出版につながるものではなかった。すでに『塵劫記』の例にふれたが、一七世紀初頭の京都に、出版を業とする書肆《しょし》が出現した。文字使用の普及と商業出版の始まり、これをもって私は「一七世紀日本のメディア革命」ととらえている。

元禄期、京都には「本屋」が七、八十軒あったという(『元禄大平記』元禄一五年〈一七〇二〉)。ほぼ半世紀遅れて大坂で、次いで一八世紀中期以後に江戸で、商業出版が賑わいをみせてくる。書籍点数も急増し、一点当たりの印刷部数が数百部から数千部の浮世《うきよ》草子《ぞうし》もあったという(『好色床談義』序、元禄二年〈一六八九〉)。大量出版の時代が到来したのである。

出版は知の在り方に大きな変化をもたらした。中世までは、一字ずつ手で書き写す写本が大半であったが、版本《はんぽん》(出版書)はコピーの量産。だから写本に避け難い誤伝もなく、流通量も飛躍的に増加した。その分、価格は安くなり、読書人口の増大に貢献した。知や情報が文字を介した商品となったのである。

まず、『平家物語』や『太平記』などが出版された。中世に琵琶法師や太平記読みによって声と身体で演じられていた「語り物」が、印刷された文字のメディアに変換されて流通し始めたのである。いずれも初版は元和年間(一六一五―一六二四)と早い。近世を通じて『太平記』は二十数版、『平家物語』は一五版を数えたという。

さらに、『徒然草』『伊勢物語』『源氏物語』『万葉集』『古今和歌集』『枕草子』『方丈記』など、いまでいう「日本の古典」の出版がこれに続いた。それまで公家や知識人の間で細々と伝写されてきた本が、語釈・注釈や解説、時に挿絵付きで出版されるようになった。一定の知識さえあれば独力で読解できるテキストとなって、人びとの前に姿を現したのである。

声と文字の交錯

ただ注意してみれば、ことはそれほど単純に進んだわけではない。たとえば『徒然草』を例にしてみよう。近世初期、『徒然草』は儒学・仏教・歌学・俳諧などの立場から、注釈書が数多く出版された。川平敏文《かわひらとしふみ》によれば、慶長から享保にかけて二八点もの出版が確認できるという(『徒然草の十七世紀』)。

その前提に、『徒然草』を声で語った講談が先にあった。太平記読みと同様、『徒然草』も聴衆相手に、まずは声で語られたのである。その嚆矢《こうし》は松永貞徳《まつながていとく》。かれの『徒然草』注釈書である『慰草《なぐさみくさ》』(慶安五年〈一六五二〉)はまず講談で語られ、出版はそれにもとづくものであった。

『徒然草』を「日本の論語」になぞらえたり、儒学の経書に準ずる「和文の漢籍」ととらえる見方もあった。その観点から、儒者も『徒然草』に関心を寄せた。たとえば幕府儒者・林羅山《はやしらざん》は、朱子学の文脈に引き寄せて『徒然草』を講釈した。かれの注釈書『野槌《のづち》』は、その講釈にもとづいた出版である。講釈と講談とそのちがいは明確ではないが、いずれも声で語られていた点ではちがわない。かねて『太平記』が政道論として講釈されたのに対し、『徒然草』は修養論あるいは歌論や俳諧論として講釈された。『徒然草』については、その講釈の技法指南書まで、写本で伝わっている(川平前掲書)。

『徒然草』は歌学・俳諧とも深くつながっていた。俳諧の「付合《つけあい》」とは、前句に次々と句を付け足していく文芸だが、そのやり取りは、古典や故事を踏まえた言語遊戯の面が強い。俳諧に限らず、和歌・連歌・謡曲、浄瑠璃や歌舞伎なども、その着想や素材は内外の古典にあった。近世の諸芸は古典故事に依拠するものが多く、諸芸に親しむにはその知識が求められた。その点『徒然草』は、内外の古典や故事を豊かに踏まえており、さらに智恵や教訓に満ちていたので、魅力的なテキストであった。

一七世紀に登場した商業出版は、中世以来の声と身体で演ずるメディアとこのように交錯しながら、知の伝達を多層化し活性化してきたのである。

こんにち「日本の古典」とされる作品群はほぼ近世前期に出版されている。大量出版によってテキストが桁違いに多くの読者に届けられた。圧倒的多数の読者をえたことで、それらの作品が古典としての位置を確定させていった。とすれば、日本の古典は近世前期の出版メディアが生み出したといっても過言ではない。少なくとも読者の立場からすれば、『徒然草』は「江戸文学」に見えてくる、という横田冬彦の指摘は説得的である(『日本近世書物文化史の研究』)。

学びのテキスト

商業出版は学習用のテキストも量産した。本書の主題である〈学び〉の観点からは、この点が重要である。学習用のテキストにも、子ども用の手習手本(往来本)と、学問のための漢籍とに大別できる。

往来物というジャンルは早くも平安期に始まり、中世にはその数を増し二十数種におよんだ。それらを近世の往来本と区別して「古往来」という。古往来はもともと写本で伝えられてきたが、近世の早い段階で出版に付された。民衆の文字学びが活発になり、往来本への需要が伸びたからである。江戸期に入ると新刊本も多く出て、元禄五年(一六九二)の『広益書籍目録大全《こうえきしょじゃくもくろくたいぜん》』には一七九点の新刊往来本が見られる。石川松太郎によれば、近世往来本は異版も含めれば総計七〇〇〇種以上あったという(『往来物の成立と展開』)。膨大なその数は師匠が独自に手本を編んだ結果であるとしても、全国にあまねく流通した一群の往来本もあった。たとえば『商売往来』『農人往来《のうにんおうらい》』『今川状』『日本国尽《くにづくし》』『江戸往来』などである。その大半は三都で出版され、全国の商品流通網に乗って広がった。往来本の書物は小間物商品の一つとして、僻村にも運ばれた（鈴木俊幸『江戸の読書熱』）。書物流通の面からも、全国のほぼどこでも、文字の学びが一般化していたことが確認できる。

いっぽう、学問のための学習テキストといえば、儒学の漢籍である。後述するように、明や朝鮮では、科挙という官吏登用試験制度のもとで、大量の儒書が出版されていたが、その大半は朱子が著した「四書集註《ししょしっちゅう》」に対する注釈本であった。「四書集註」とは、朱子学がとくに重視する四書（『大学』『中庸』『論語』『孟子』）に朱子が詳細な註を施し、独自の解釈を示した注釈本の総称のことである。科挙は朱子学を正統の学としていたから、この「四書集註」を理解するためのさらなる注釈書は、科挙受験のための必須の学習書であった。これらの漢籍は、長崎経由で日本に多くもたらされていた。日本の儒者たちは、明代に量産されたこの「四書集註」に対する注釈書によって、朱子学を学んでいたのである（「四書集註」と朱子学については第二章で取り上げる）。

和刻本

長崎経由の舶載書は流通量が少なく高価で、それにアクセスできる儒者は限られていた。この状況を打破したのが、和刻本《わこくぼん》の出現である。和刻本とは、日本で出版された漢籍のこと。たとえば、明代朱子学の注釈書を集大成した『四書大全』は一六三〇年代に、弟子たちと交わし

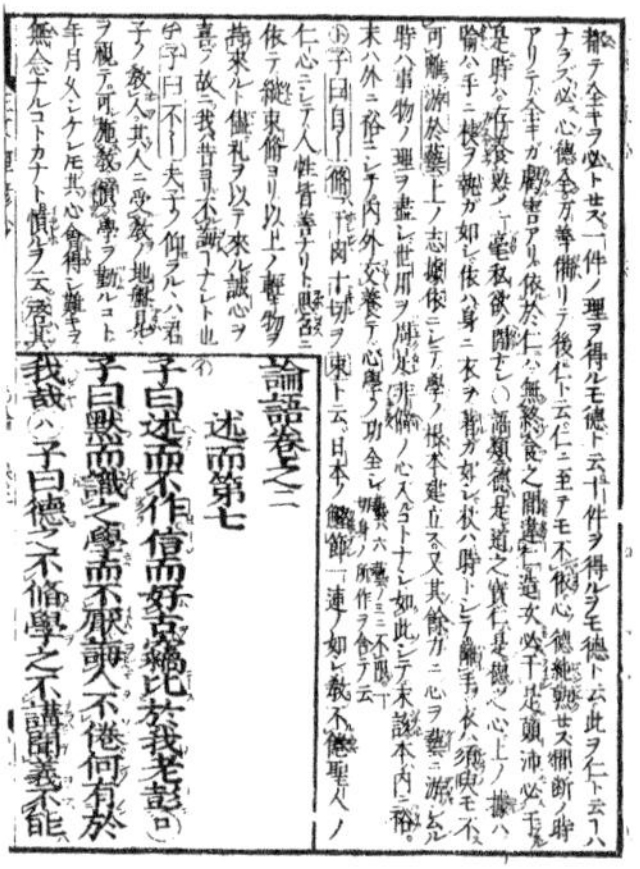
論語巻之七
述而第七
子曰述而不作信而好古竊比於我老彭
子曰默而識之學而不厭誨人不倦何有於我哉
子曰德之不脩學之不講聞義不能

毛利貞斎『俚諺鈔』より．『論語』述而篇の冒頭を片仮名交じりの和文で解説している（国立国会図書館デジタルコレクション）

た朱子の言を編んだ『朱子語類』は寛文八年（一六六八）に、それぞれ和刻されている。和刻本の出現は漢籍流通量を飛躍的に増大させ、書価も格段に引き下げた。廉価になったことで、若者の学問需要を掘り起こしたにちがいない。その意味で和刻本の出現は、儒学を一部の知的特権層から社会各層に開放した。手習塾での文字学びを超えて、知的読書に向かう中間層が成立する新たな扉が開かれたのである。

舶載書と異なり、和刻本には返り点や送り仮名の訓点を付することができた。いわゆる訓読の本である。一八世紀には、これに注釈や解説も加えた入門者向けの学習書も出現した。たとえば享保四年（一七一九）刊の中村惕斎《なかむらてきさい》『四書示蒙句解《ししょじもうくげ》』は、四書本文を大字にし、やや小さめの字の集註に片仮名交じりの和解（和文での解説）を加えていた。さらに惕斎は、より簡略な『四書章句集註　鈔説《ししょしょうくしっちゅうしょうせつ》』も著し、これがよく読まれ五版を重ねた（『国書総目録』）。正徳五年（一七一五）刊の毛利貞斎《もうりていさい》『四書集註俚諺鈔《りげんしょう》』は、本文を大字、集註部は中字、それに平易な和文解釈を施し、加えて明代四書学の主な注釈書の典拠も明示している。明代四書学の原典まで加えたこの『俚諺鈔』は、惕斎本より高度で、近代まで版を重ねている。いずれも四書を、朱子の解釈(集註)に即して学ぼうとする者のための学習書であった。

天明六年(一七八六)には『経典余師《けいてんよし》 四書之部』が出た。著者は渓百年《たにひゃくねん》。このシリーズのほかにその名をみない無名の儒者である。経書本文を「平ガナニてざっと解」いた「師要らずの書籍」と銘うった自習用の学習書である。版を重ね、明治初期にも改版が出るほど、ベストセラー、ロングセラーとなった。『経典余師』シリーズはその後も陸続と続き、「尋常ならざる量の発行部数」であった(鈴木俊幸『江戸の読書熱』)。こうした学習書の刊行状況から、読書によって学問をめざす読者が、元禄以降に畿内を中心に現れ、やがて各地に広がりを見せ、その後も時代とともに裾野を広げていった。書籍の流通が〈自学する読者〉〈読書する民衆〉を生み出したといってよい。この点は第四章で、貝原益軒に即して改めて考えてみたい。

3　儒学の学び

科挙のない社会

東アジア儒教文化圏のなかで、日本には科挙がなく、学問が制度化されることがなかった。

それは、日本の儒者には社会的身分の保証がなかったことを意味している。林羅山が幕府に仕え、貝原益軒が福岡藩に召しだされたように、儒者が政治世界に入った例がなかったわけではない。また、一八世紀半ば以降は、事情もやや変わってきた。藩校が普及したこの時代には、藩士に儒学を教える職業教師、とくに藩校の教師が増えたのである。しかし近世全体を見わたしたとき、政治制度のなかに儒者の居場所がつねに用意されていたわけではない。にもかかわらず、儒者として生きた知識人は少なからずいた。しかも時代とともにその数は確実に増えていった。

身分や職業に何の保証もない近世社会において、なぜ儒者が存在し増えていったのか。その要因は、ほかならぬ民衆層の学問への志向の高まりであった。儒者はおおむね門人を集め、学問塾を営んでいた。現に第二章以下で取り上げる思想家たちも、藩に仕えた貝原益軒と荻生徂徠を除き、おもに門人からの束脩《そくしゅう》(現在の授業料に相当)を生活の資としていた。学問教授の職業教師が多数存続できるほどに、近世日本には学問への社会的需要があったということである。

京都市中の文人を網羅した『平安人物志』という人名録がある。明和五年(一七六八)の初版から幕末までの一〇〇年間、ほぼ一〇年単位で情報を更新しながら九版を重ねた。地方から京都にやってくる遊学生のための、いわば留学情報誌として編まれていた。収録数が最大で八〇〇人を超えるこの人名録、たとえばその文化一〇年(一八一三)の版には七二人の儒者の名がみえる。ちなみに医家や詩人は別立てである。儒者たちはほぼ例外なく塾を営み、そこに全国から門人が集っていた。人口三五―四〇万の京都市中に、七十余りの儒者が営む塾が競合して並んでいたのである。京都の町全体を一つの「大学」に見立てれば、いわば儒学研究室が軒を並べ、加えて医学や蘭学など多種多様な専門分野の研究室もあちこちに競っていた。こうした光景が見えてくる。京都は、元禄すなわち一七世紀末―一八世紀初めのころから、さながら「大学のまち」であった。

本居宣長については第六章で取り上げるが、かれは青年期に伊勢松坂から京都に遊学し、儒学と医学を別の塾で併せ学び、加えて歌学にも親しんでいた。いまにたとえていえば、医学部に入学し医学の専門知識を学びつつ、かたわら儒学研究室で語学(漢文)と深い教養(儒学)を身につけていた。さらに加えて、課外活動に王朝文化の和歌の詠歌にいそしんだ。そんな光景である。

子どもは手習塾ではおもに文字を学ぶが、師匠に漢学の素養があれば、求めれば素読の手ほどきを受けることもできた。その結果、もっと上の学問に目覚めた場合、近在の儒者の塾に入門する。さらに本格的な学問を志せば、宣長のように、京都の学問塾に遊学する。一八世紀半ば以後は、京都のほかにも、大坂や江戸への遊学も増加した。このように考えれば、儒者を裾野で支えていた社会的基盤は、民衆層の学びへの意欲にあったといえるだろう(遊学システムについては海原徹『近世の学校と教育』参照)。

民衆の学問志向

とすれば、ここで問われるべきは、民衆が学問をめざした理由である。近世文人の条件は、漢文を自在に操る能力と漢学・儒学の教養である。医学(そのほとんどが漢方医学)はもちろん、当時の学問はおおむね漢籍に依存していたから、漢学は文人の基礎教養であった。蘭学でさえまずは漢学を学び、洋書も漢訳で読んだ。加えて、知的思考の枠組みは東アジア全域をおおっていた朱子学であった。日本では、古代・中世には仏教が思想基盤を提供していたが、近世権力は仏教を政治統制下におき、自由な活動を制限した。そのため儒学が、仏教にとって代わって、思考の枠組みを提供したのである。

朱子学は壮大にして精緻な理論を持つ思想であった。小は日々の行動規範から、大は宇宙の運動法則にいたるまで、一貫した原理でこの世界を説明する知的装置である(第二章)。いつの時代でも人は、自らが生きることの意味や拠り所を求めるものだが、江戸時代では儒学、とりわけ朱子学がそれに応える学であった。

戦乱を克服して実現した泰平の時代、人びとは、宗教ではなく、東アジア全域をおおった「普遍的」な学問にもとづいて、知的な活動をおこなうようになっていた。文字社会となり、文字を学ぶことが日常化するなか、知的な学びと教養が求められる時代となった。それは政治的特権層だけの話ではなく、村落の指導層にいたるまで、ある種の文化資本として求められた教養であった。その教養を身につけることは、社会的地位を維持するために必要な条件であった。

素読――漢文で考える

江戸時代に、たんに「学問」といえば儒学のことをさす。儒学はそれほど学問の正統の位置にあった。ゆえに、学問に進むためには漢文リテラシーを身につけることを必要とした。知識人は学問に関することはすべて漢文で書いた。それはペダンチックな趣味によるものではなく、漢文でなければ表現できない知の世界があったことを意味している。とすれば、江戸の知識人は「漢文で考えた」にちがいない。その意味で、漢文はまた「思考の言語」でもあった。

漢文はほんらい外国語である。しかし日本では、上述した和刻本のように、返り点・送り仮名を付して読む訓読法が常用された。訓読は、日本語の文法に即した独自の言語で、しかも書記言語である。この方法を用いて「漢文で考える」ことが、いかにして可能だったのか。

それを可能にした学習法が、序章でもふれた素読(句読)である。再言すれば、素読は儒学学習の第一段階。六―七歳のころから、『孝経』や四書などの経書を声に出して繰り返し読み、テキストの全文を完全に暗誦してしまう学習である。この段階では本文の意味理解はとくに求めない。大判の印刷本を挟んで、差し向かいに坐った師匠から、個別に読み(訓読)を教わる。師匠が声で読む一字一句を子どもがおうむ返しに復誦する。退出後、師のリードなしで読めるようになるまで、めいめい声に出して復誦する。その完全な暗誦が確認されて、はじめて次に進むことができる。

ちなみに貝原益軒は、一日一〇〇字ずつ一〇〇回復誦すれば、四書の素読は、総計五万二八〇〇文字だから五二八日、一年半ほどでだれでも終えられるという。四書の素読が済めばいかなる漢文も自在に読める、そう益軒はいう。徂徠もほぼ同じことをいっているから、益軒の言は誇張ではなかったのであろう。近世に共有された考え方であったと思われる。

テキストの身体化

素読は、意味理解さえ要しない機械的暗誦を強いる学習である。子どもの発達を無視した乱暴きわまりない学習法の強要に見え、いまの学校では考えにくい。しかし、江戸時代に素読無用論があったとは、寡聞にして知らない。学問に素読は避けて通れないものと意識され、むしろ素読により、漢文読解だけでなく、漢詩や漢文の述作も自在に可能となるのだ、といった共通理解があったと思われる。

素読はテキストを音読する。しかし近代読書の音読・黙読とは異なった次元にある。素読する経書は、聖人の言葉が埋まった特別なテキストであり、意思疎通のための道具としての言葉とは位相がちがう。テキストのある一節が示されると、続くフレーズが流れるように口を衝いて出てくる。それはつまり、テキストが丸ごと身体に埋め込まれているということにひとしい。私のいう「テキストの身体化」である。深い思想を内包した経書の言葉は、真理に満ちた聖人の言葉。それを、自らに一体化し、自分の思考と活動に活用することができる。それが素読の効用であり、近世に素読無用論がなかった理由はそこにある。

先に、手習塾での文字学習は、「読み」より「書く」ことから入った、と指摘した。ところが、学問の場合は素読から入る。素読は読書とは異なった次元のいとなみであると、先に述べたが、声に出すのは、「読み」というより、暗記のための(その意味では、身体化するための)方法だと考えてよい。ここに、文字の学びと学問の学びの、位相のちがいが認められる。

訓読体漢文の言語

素読された経書の言葉は、日本語化された訓読体漢文であった。しかしそれは、日本語にはちがいないものの、日常使われる口語体の日本語ではない。また文語的書記言語とも同じではない。あえていえば王朝雅語に近い独特の文体で、素読訓読の文体としかいいようがない。

こうした文体がなぜ選ばれたのか。前田愛は、素読は、文のリズムと抑揚、音の響きが、幼い身体に刻印され、独特の漢語の形式が、日常の言葉とは異なった次元の「精神のことば」や、ある種の「思考の形式」をつくっている、という(『近代読者の成立』)。また中村真一郎も頼山陽《らいさんよう》『日本外史《にほんがいし》』の漢文について、諳誦に適した、「人間の呼吸に自然に合致した、見事な雄弁調として成功している」と書いている(『頼山陽とその時代』)。山陽の漢詩は、幕末以後に流行をみた詩吟に好んで選ばれた。力強いリズムと響きをともなう訓読体漢文であったからこそ、朗々と謳いあげるのにふさわしかったのであろう。この詩吟の行為が、幕末に志を同じくする尊王攘夷派の志士たちの感情を揺さぶり、共鳴と高揚を惹き起こし、政治活動へのパッションにつながった。

こう考えれば、訓読体漢文は暗誦しやすいように工夫が凝らされ、身体化に適した言語としてつくられたのではないだろうか。素読に適した文体が訓読体漢文であった、ここではそう想定しておきたい。

儒学の学習法

素読は子ども期になされる。その後の儒学の学びは、「講義」「会業《かいぎょう》」「独看《どくかん》」へと進んでいく。それに詩文実作を加えてもよい。

「講義」とは、講師が一方的に口頭で教える、今のいわゆるレクチャーのことではない。素読で身体化した経書の「義」(意味)を、師匠が一定の注釈にもとづいて解釈を授ける教授のこと。これにも、師匠がひとりひとりの学生と差し向かいでおこなう「講授」と、大勢の学生を前に経書を解釈する「講釈」との別がある。講授は師が短時間で個別指導をし、学生は自宅で復習を繰り返す。その方法形態は、素読のときとあまり変わらない。一方、講釈はおおむね一斉教授の形をとる。まずは個別指導／個別学習の講授が日々になされていたのに対し、一斉教授の講釈の方は塾主(藩校なら学長的存在の儒者)によって時折なされるものだった。すなわち講釈は特定の節目(たとえば新年の講書始や藩主の臨校、孔子を祀る釈祭など)に際して、経書の一節を、全員を前にして解釈してみせる。この意味での講釈は、多分に儀礼や儀式に類する性格のもので、そのぶん、権威的であった。

「会業」は、同レベルの学生たちがグループでおこなう共同学習である。会業にも会読と輪講の別があった。いずれも輪番の当番が発表し、その後、質疑し討論する。通常はチューター役の先輩が同席して学習の流れを差配する。両者のちがいは用いるテキストにある。会読のテキストは経書ではなく、史書(中国の正史)、子(諸子百家)、集(詩文集)の類。それらは読めさえすれば、意味もほぼ理解できる。先行の注釈や解釈を必要としないから、読むこと自体を目的としていて、いまの読書会と大きくはちがわない(以上、武田勘治『近世日本学習方法の研究』)。

いっぽう、輪講のテキストは経書である。輪番で経書を「講義」する。経書は根拠となる原典、いわば聖なる古典であるから、先人たちの注釈書の山に分け入って、異端と正統とを弁別しながら「正しく」解釈していかねばならない。朱子学の場合であれば、「四書集註」も経書と同列に位置付けられていたから、これも輪講のテキストとなる。哲学の原典を解釈する共同作業というに近い。いまでいうゼミナールに相当するだろう。

以上、儒学の一般的な学習法を説明してきたが、どの儒者も学習法が同じというわけではない。〈知のつくられかた〉が、思想の在り方(学派)によって異なっているからである。逆に言えば、思想の在り方が学び方を規定する。学びと思想の間の深い関係は、本書の主要なテーマである。

日本近世の〈知のつくられかた〉

漢文は知的言語、思考言語であると述べた。そもそも思考は言語によってなされるから、思考活動は言語活動の一種にほかならない。とすれば、どの言語で考えるか、それは思考する知の内容や形式と不可分に関わってくる。たとえばＳＮＳで使う言葉と学校教科書の文字言語は、同じ日本語であったとしても、その思考の質と内容は大きく異なってくるだろう。笑いを強要するテレビの娯楽番組の口語によって、学校の授業の内容を正確に伝えることはむずかしい。

「伝える知」と「伝えるメディア」とは不可分に関わる。いかなる言葉で考えるのか、それはその思考の質や内容と切り離して考えることはできない。

江戸時代、人の生き方やその意味を考える主要な知は儒学であり、儒学が、江戸の〈知のつくられかた〉を規定した。出版メディアの確立と手習塾・学問塾の普及によって、条件さえ許せばだれもが儒学を学ぶことができるようになった。そこに、学びへの意志や主体がうまれる契機があった。知を求める人びとの裾野の広がりが、科挙のない近世日本の儒学と儒者の存在を支えていたのである。

4 「教育社会」の成立

「教育社会」とは

文字社会はまた「教育社会」をうみだした。教育社会とは、知や文化を次の世代に計画的に伝える組織を組み込んだ社会のこと。ひらたくいえば、社会を維持するために学校が必要となった社会のことである。

中世までは領主が農民を直接支配していたから、領主層には一定の教育が必要であった。かれらとその子弟が学ぶ場は、家庭か寺院であった。しかし一般民衆の多くは必ずしも学校を必要としていなかった。

いっぽう明治維新後の近代では、先に述べたように、欧米モデルの近代学校は義務教育として、国家体制の一環に組み込まれた。だから、教育における近代とは「学校教育の時代」であり、その社会は「学校社会」というのがふさわしい。こう考えてくれば、近世の教育には、中世とも近代とも異なる独自の特質があり、それをここではとくに「教育社会」と規定する（辻本雅史「教育社会の成立」）。

手習塾と学問塾

教育社会としての近世の学びと思想の環境を考えるために、江戸時代の学校を整理しておきたい。すでに述べたように、手習塾は文字に関わる学びが中心であったが、それにあきたらない子どもは、学問塾に進む。学者・文人たちは塾を開いており、それらの塾を学問塾もしくは学塾という。学問塾には、儒学のほかにも、医学、算学、国学、蘭学、兵学など、いわば学問の数だけ塾の種類があった。学問塾は三都がとくに多かったが、そのほか、時代が進むにつれて、各地にも塾がふえていった。近世の文人たちは、情報を求め交流を求めて好んで旅をし、地域を超えた学問の交流圏を形成し、学生の紹介システムも広がっていた。いわば知の情報ネットワークができていたのである。

先にふれた京都の『平安人物志』は、こうしたネットワークの象徴的存在であった。たとえば一七世紀末の京都の伊藤仁斎の古義堂《こぎどう》には、全国から三千余人もの門人が名を連ねた。一九世紀の九州日田《ひた》の広瀬淡窓《ひろせたんそう》の咸宜園《かんぎえん》には、最盛期には二〇〇名前後の学生が在学し、門人帳に掲載された学生は二九〇〇人に上る。この二例は必ずしも例外ではない。著名な学問塾が、各時代、各地に少なくなかったのである。

郷　学

さらに、郷学《ごうがく》を忘れてはならない。郷学の内実はさまざまで、それをめぐっては長い論争があった。石川謙は、寺子屋・私塾(学問塾)・藩校・幕府学校という近世の学校に郷学を並べた。さらに藩士・陪臣のための郷学と庶民のための郷学とに二分し、郷学の類型化を試みた(『近世の学校』)。論争史はここでは省くが、入江宏がそれらを整理したうえで、地域の民衆たちの自発的な「共同の学舎」とそこでの地域を超えた開放性(「公共性」)に、近世郷学の本質があると論じた(「郷学論」)。

入江は、摂津平野郷(現・大阪市平野区)の含翠堂《がんすいどう》や大坂の懐徳堂《かいとくどう》、越後片貝《かたかい》村(現・新潟県小千谷市)の朝陽館《ちょうようかん》などにとくに注目する。しかし近世郷学は、その内実が多様であったから、一律の規格化になじまない。何が郷学であるのかとその本質を問うよりも、学校を支えた人びとの意図やその学びに対する思いの多様性のほうが、重要である。

たとえば備前岡山藩の池田光政が寛文一〇年(一六七〇)に開設した閑谷《しずたに》学校は、陪臣や農村指導者層の学びを目的としていた。その教師は岡山藩校派遣の儒者であったから、藩校の分校のようでもあったが、一八世紀後半以後、明治にいたるまで、閑谷学校を維持したのは、周辺の好学の農民たちであった。閑谷学校がかれらの主体的な学びの場となっていたからである。平野郷の含翠堂や越後の朝陽館の維持主体も、学ぶ意欲のある地域の農民たちであった。かれらには、郷学設立以前から、自発的な学びの活動があった。そうした内発的で主体的な学びへの意欲が、教える教師を外から迎え、学校をつくることにつながった。

各地の郷学や学問塾を支え、また科挙のない社会の儒者を支えてきたのは、先に述べた〈読書する民衆〉であった。主体的に学ぶかれら〈読書する民衆〉を、ここでは「学問する民衆」と言い換えてもよい。

近世教育の豊かさ

近世の学校にはほかに、領主の学校もあった。藩士教育のための藩校がその代表である。藩校は、一八世紀半ば以降幕末にかけて、財政難をおして、大半の藩が開設した。そこに幕府の学校(聖堂学問所など)を加えてもよい。聖堂学問所は儒学(朱子学)の学校であったが、その後、国学、医学、洋学、兵学などのさまざまな専門性をもつ学校も、随時開設をみた。旧弊墨守のようにいわれる幕府だが、新たな学校の開設とそこでの教育には、きわめて熱心だったのである。そこで学んだ人材が、明治の近代国家づくりに大きく貢献したことを見落としてはならない（終章参照）。

以上、江戸時代には、日常のなかの手習塾、さまざまな学問塾、各地の多様な郷学、武士の学ぶ藩校、それに幕府学問所など、学校類型に属する教育組織が実に多様かつ複雑にいとなまれていた。近世社会の各階層は、身分や立場の必要に応じて、それらの学校で学ぶことができた。結局、江戸期の社会は、意図的・計画的な教育機関を内に組み込んで成立しており、豊かな教育社会となっていた。近世の学びと思想は、こうした基盤によって支えられていたのである。

第二章

明代朱子学と山崎闇斎

——四書学の受容から体認自得へ

山崎闇斎肖像(下御霊神社 出雲路家蔵)

1　四書学の受容——江戸前期の朱子学者たち

読めない漢籍をいかに読むか

第一章で述べたように、近世における知的活動は、おおむね儒学の言葉と概念でなされていた。ではそもそも儒学とは何か。一言でいえば経書を読む学——「経学《けいがく》」——のことである。経書とは、聖人の思想や言行が記された(と信じられた)四書五経のこと。この経書のなかから孔子の真の意図(真理)を探り出すことが儒学という学問のいとなみである。前近代東アジアの思想の歴史は、この「真理」解明をめざして経書を解釈する歴史であった。典型的な「古典学」にほかならない。

儒学の世界では、六—七歳の子どもが素読用に『孝経』や『大学』などを初めて手にする。頂点の儒者たちも、手にするテキストは初心者のそれとほぼ変わることがない。儒者たちは、過去の解釈史をふまえて「正しい」解釈に努めるというちがいがあるだけである。この不思議な光景を想像するだけでも、儒学が、近代の〈学校教育の知〉とはいかに成り立ちが異なっているか、気づかれよう。

中国の古典語で書かれた経書はたやすくは読めない。それをいかに「正しく」読むのか、日本ではそれが古来、学問の難題であった。こうした事情は一七世紀の江戸時代にいたっても、大きくは変わることがなかった。読めない漢籍を読む、近世儒学史はその「読み」をめぐる方法論の展開であったといってもよい。

明代の四書学

中国では元代(一二七一―一三六八)に朱子学が科挙の正統とされ、明清時代(明一三六八―一六四四、清一六四四―一九一二)にそれがさらに強化された。李氏朝鮮や越南(今のベトナム)でも中国同様かそれ以上に、朱子学が正統教学の位置にあった。東アジアの普遍の学に見えた朱子学を、近世日本が受容したのは自然のことであった。

科挙のもとで、朱子学は、どのように学ばれていたのだろうか。まずこの点から確認しておきたい。

朱子(朱熹《しゅき》、一一三〇―一二〇〇)は、『礼記』のなかから「大学篇」と「中庸篇」の二篇を選び出し、それに独自に解釈を加えて『大学章句』と『中庸章句』を著し、精緻な理論体系を構築した。さらにその理論でもって『論語』と『孟子』を読み抜き、それぞれ『論語集註』『孟子集註』と称する注釈書を著した。『大学』『中庸』に『論語』『孟子』を併せて「四書」と称し、朱子学では特別なテキストに位置付けた。四書に対する朱子のこの注釈書を「四書集註」と総称した(第一章)。朱子の学問の神髄は「四書集註」に込められている、そう理解された。だから朱子学を正統教学とする科挙のもとでは、「四書集註」こそ無謬のテキストであり、学生たちの学びの対象となった。こうして明代以降、「四書集註」はほとんど経書にひとしい位置に押し上げられたといってよい。

儒者たちは、「四書集註」の正確な解釈を競って、数知れぬ解釈本や注釈本を著し出版した。四書に対する朱子の注釈書「四書集註」に対するさらなる注釈書、いわゆる疏釈書(孫の注釈書)が量産されたのである。集註への微妙な解釈の差異を競うこの疏釈書群こそ、科挙応試に向かう学生たちの日常の学習書であった。そのあまりの氾濫ぶりに、明の永楽《えいらく》帝は、主要な解釈を取捨選択し、勅撰として『四書大全』(全三六巻、一四一五年刊)を編纂させた。科挙のための基本テキストを集大成したのである。

要するに明代には、『四書大全』をはじめとした多くの疏釈書を通して、朱子学の正統を競う学習空間が繰り広げられた。こうした明代の学術のことを、とくに「四書学」の名で呼ぶこともある(佐野公治『四書学史の研究』)。科挙をめぐるこの四書学の学習空間は、中国だけにとどまらず、東アジア儒教文化圏全域に広がりをみせていた。

四書学本の受容

日本における朱子学の受容は、早くは中世の五山の禅林にさかのぼり、禅僧の大陸との往来や書物の受容を通じてなされていた。しかし一七世紀前期、鎖国体制のもとでは、学ぶ手段は（朱舜水《しゅしゅんすい》ら来日した明末知識人の例を除けば）おおむね中国や朝鮮からの輸入本に頼ることになった。そうした輸入儒書の大半は、上述の明代四書学の疏釈書であった（大庭脩『江戸時代における中国文化受容の研究』）。

とすれば、一七世紀前期日本の儒者たちも、明や朝鮮の儒者たちと同じ東アジア学術圏のただなかにいたことになる。ただ、日本だけが科挙をもたず、特異な政治社会の土壌のもとにあった。江戸儒学のもつ特異性は、そのことと深く関わっている。

訓読テキストへの変換

中国・朝鮮からの舶載書は、もとより無点本であり、日本ではだれもが読めるテキストではなかった。とすれば、それに返り点や送り仮名などの訓点を付けて、日本語で訓読できるテキストに変換する必要があった。それが和刻本の誕生につながる（第一章）。その作業は、近世第一世代の儒者たちの使命であった。林羅山（一五八三―一六五七）はその世代の儒者を体現したひとりである。

羅山は幕府に仕える儒者として、長崎の書物改役が提出した舶載書リストのなかから必要な儒書・漢籍を選んで幕府に収めさせ、それらに訓点を付ける作業を自らの使命と自覚していた（選書された書物群は、江戸城内の「御文庫」に収蔵された）。明暦三年（一六五七）、江戸最大の「明暦の大火」は羅山の屋敷や蔵書を焼失させたが、かれは避難先でも訓点付けの作業をやめることはなかった。火事の数日後に亡くなったことを思えば、まさに死の床においてさえ、その任を怠らなかったことになる。羅山の訓点は、かれの僧号にちなんで「道春点《どうしゅんてん》」と呼ばれ、平明で、後々まで規範視された。そのため商業出版の波に乗って広く長く流布していく。

羅山のほかにも、薩南学派の文之玄昌《ぶんしげんしょう》（一五五五―一六二〇）が「四書集註」の訓点付けにつとめた（「文之点」）。その訓点は、禅僧桂庵玄樹《けいあんげんじゅ》の訓みを伝えたもので、中世博士家とは異なった訓点として、寛永九年（一六三二）、京都で出版された（齋藤文俊『漢文訓読と近代日本語の形成』）。

羅山の次の世代、中江藤樹《なかえとうじゅ》（一六〇八年生）、山崎闇斎（一六一八年生）、伊藤仁斎（一六二七年生）ら、少なくとも貝原益軒（一六三〇年生）より上の世代の儒者は、明代の舶載書をテキストにして朱子学を学んだといってよい。

貝原益軒は福岡藩の儒者で、藩の書籍購入の任にあたった。再三長崎に行き、親しい長崎商人から輸入書籍のリストを日常的に入手していた。舶載書にいち早く接していたのである。筆まめな益軒は、「玩古目録」という読書記録を残しているが、そこに名がみえる儒書の大半が明末の舶載書でしめられ、和刻本はほとんど見あたらない。詳細は第四章で述べるが、かれはそのテキスト類をもとに、学生向けの儒学の学習入門書編纂を企てていた。その過程で、益軒も訓点付けの作業にいそしんでおり、「貝原点」と称されている。

そのほか筑後柳川藩の儒者、安東省庵《あんどうせいあん》(一六二二―一七〇一)は、明の陳清瀾《ちんしんらん》の『学部通弁《がくほうつうべん》』に訓点を施して寛文三年(一六六三)に刊行した。同書は朱子学の正統性を論じたもので、羅山や益軒ら同時代の多くの朱子学者に影響を与えた。第一章でも紹介した京都の中村惕斎(一六二九―一七〇二)も『小学』や四書五経に訓点を施した。世に「惕斎点」と呼ばれ、読みやすい訓点として好評であった。惕斎が著した『四書示蒙句解』は、明代四書学の典拠と和訳もついた初学者向けテキストである。さらにその簡略版の『四書章句集註鈔説』も版を重ねた。訓点が平明なうえに和訳をつけた解釈書であったことが、「惕斎点」が流布した一因であった。後述の山崎闇斎にも、必読の朱子の原典に訓点を施した「嘉点《かてん》」があり、闇斎学派では必ず嘉点本が用いられた。訓点の付け方自体が、ひとつの思想の表現と意識されていたのである。

いずれにしろ、近世第一世代の儒者たちは、明代四書学のテキストを読み、朱子学を受容していた。舶載書というメディアが、かれらの思想を形づくったということになる。

2 山崎闇斎——文字を超えた「講釈」の学

末疏の書の排斥

舶載書を介した明代四書学の朱子学受容に、真っ向から異を唱えたのが山崎闇斎(一六一八—一六八二)であった。集註への煩瑣な注釈に終始する学問の在り方こそ、朱子の真意を見失わせた元凶である。闇斎はそう激しく批判した。訓詁注釈に堕した明代四書学を峻拒し、真の朱子学の「体認自得《たいにんじとく》」を主張したのである。

山崎闇斎は元和四年(一六一八)、京都で鍼医を営む浪人の家に生まれた。幼時に比叡山にあずけられ、次いで京都禅林の妙心寺に入り、さらに妙心寺派に属する土佐の吸江寺《ぎゅうこうじ》に送られた。扱いに手がかかるやんちゃな子ども時代であったようだ。かれは土佐の禅林で学び、やがて禅仏教と決別して、自らの思想を確立することになる。

土佐には、南学派朱子学の伝統があった。これはもともと、禅の教えと儒学の教えは究極には合致するという「禅儒一致」を掲げた南村梅軒《みなみむらばいけん》(生没年不詳、一六世紀半ばに活動)にさかのぼる学統であるが、梅軒を受け継いだ谷時中《たにじちゅう》、小倉三省《おぐらさんせい》、野中兼山《のなかけんざん》らは、禅を排し、朱子学の優位を主張する立場を取った。闇斎は、それらの人びとと親しく交わり、朱子学に目覚めたのである。南学派朱子学が、強靭な「心」の確立を求めるという点で、禅の強い影響を受けていたことは確かである。しかし、人倫(日常的道徳)や経世済民(政治への応用)を重視する点で、禅とは決定的なちがいがあった(田尻祐一郎『山崎闇斎の世界』)。

禅は「不立文字《ふりゅうもんじ》」が基本である。文字で書かれた仏典の教えより、自らの心によって直接に「悟り」をつかもうとする立場である。そこでは、瞑想して精神統一をめざす禅定《ぜんじょう》(坐禅)がとりわけ重視された。また具体的な課題について当意即妙に応答する「公案《こうあん》」の方法も、臨済禅の重視するところである。ただ禅は、厳しい修行を通した己の内面への深い沈潜によって「仏性《ぶっしょう》」の自覚(「開悟」)をめざす。そこでは、世俗的な人間の関係性は、開悟を妨げる迷妄として斥けようとする。この点、あくまで世俗の人間関係のなかでの己の確立をめざす朱子学とは、相いれない。土佐での禅体験で心の確立の重要性を学びつつも、他方で、谷寺中や野中兼山らと南学派朱子学を学ぶことで、闇斎は、禅との決別を選択するにいたった。

『闢異』――排仏論

闇斎は二五歳で京都に戻り、三〇歳で『闢異《へきい》』(正保四年〈一六四七〉)を著した。『闢異』は異端排撃の書であり、その主たる対象は禅仏教であった。仏教を批判し、朱子学の正統性を論じることで、朱子の後継者としての己の立場をはっきりさせようとしたのである。仏教排撃がなぜ朱子学の継承者たることを意味するのか。それは、朱子その人も同じような思想的道程をたどっていたからである。

朱子もかつては禅も学んでいたが、『中庸章句』序文において、横行する異端邪説、なかでも仏教と思想的に対決し、仏教と儒学とを峻別し、「道」の正統性を明らかにした。中国には古くから、儒・仏・道それぞれの優劣や三教の合一に関する議論があるが、朱子の場合は、儒教の立場から「道」の本源を論じた「原道」(唐の韓愈《かんゆ》の論説)を継承するという意図があった。朱子は、堯舜ら古代の聖人たちが一筋に伝えてきた真理(天地自然にもとづく絶対の理法)の伝統を明確にし、それを定式化して「道統の伝」とした(『中庸章句』)。このように朱子学は、道の正統性を示す「道統」を、仏教との絶えざる格闘によって明確にすることで成立した思想である。ゆえに闇斎の『闢異』執筆は、朱子の後継たることの宣言だったのである。

仏教が盛んな時代に、儒学の意義を主張しようとすれば、仏教とのちがいを際立たせる必要があった。とりわけ禅は、朱子学と方法論が酷似している。だからこそ、自らの正統性を証明するために、禅仏教とのちがいを声高に主張しなければならなかった。『闢異』の著作は、「原道」を継承した朱子と同じ道をたどろうとした闇斎の思想的表現だったのである。

朱子学とは

近世日本思想の前提には、東アジアの全体をおおっていた朱子学があり、いずれの思想も朱子学とのかかわりのなかで形成されたといってよい。ゆえにここで、朱子学の概略を、「理気論」を中心に説明しておこう。

朱子学では、天の秩序(大自然の理法)を「理」もしくは「天理」の語で考える。天は地とセットになって、生命ある「万物」を生み出し、秩序正しく「流行」し動く。「理」は天のもつ法則性や秩序性を想定した概念。正しく行くための道筋(道路)の意を込めて、「道」ともいう。朱子学はこの「理」という真理を探究し、それを学んで実践する学問である。

「万物」(この世の生き物)は、生命力を帯びたある種の物質的な「気」によって生み出されて存在する。「気」には必ず「理」がくっついている。だから万物のいずれにも「理」がその内に宿る。ただ個物に宿る「理」は、たとえば向日葵には向日葵の花が咲き、朝顔には朝顔の花が咲く、というように、ひとつひとつ多様である。しかし全体としてみれば、自然界はバラバラではなく、秩序正しく整然と調和して存在している。これが「理《り》一分殊《いつぶんしゅ》」論。個別に内在する多様な固有の「理」と、それを貫く一つの「理」＝「天理」の実在を、矛盾なく説明する論理となっている。

人とて同じこと。人に内在する「理」は、とくに「性」(人の本性)といわれる。それが「性即《せいそく》理《り》」のテーゼ。「性」は仁義礼智などの「徳」に具体化されるが、その徳は生まれながらすべての人に内在している。これが性善説の根拠である。自らの「性」を知り、それをもとに「徳」を養い、さらに「徳」を形象化した「礼」に従って生きていくことが求められる。核心的概念であるこの「理」を認識する行為が、朱子学における「学問」にほかならない。朱子学の学問論は、この認識の方法をめぐって展開される。

朱子学の方法には大きくふたつある。「格物窮理《かくぶつきゅうり》」と「持敬静坐《じけいせいざ》」。前者は、万物に内在する個別の「理」を一つひとつ解明していく方法である。その積み重ねの過程で、ある瞬間に全体の「理」(天理)に「豁然《かつぜん》として貫通する」(『大学章句』)。そもそも万物の「理」を残らず窮めつくすことなどできない。だからある段階で、「悟り」に到達する瞬間が想定されている。これは帰納的方法であり、『大学』に示された「格物」がこれにあたる。

いっぽう「持敬静坐」は「居敬《きょけい》」ともいい、内面的思索によって直接に心の真理をつかみ取ろうとする主観的方法である。上述した仏教の禅定に近い。というより、それを読み替えたといったほうが事実に近い。朱子自身は、「格物窮理」も「持敬静坐」も車の両輪のように、いずれも欠かせない方法だと考えていた。とはいえ朱子後継の学者たちは、その思想の傾向によっていずれかの側に傾斜してゆく。思想の在り方は、その方法論や学習論と一体だからである。

禅院で学ぶことから朱子学に目覚めていった闇斎は、上記の二つの方法論のなかでも「持敬静坐」のほうに、著しく傾斜した。土佐での野中兼山らと学びあった学問も、禅とのちがいを焦点に、朱子学にのめりこんでいくものであった。

土佐時代は、闇斎も明代四書学のテキストを頼りに学んでいた。そのことを後の回想で反省している。闇斎は三四歳の時に、朝鮮の李《り》退渓《たいけい》の『自《じ》省録《せいろく》』に出会い、衝撃を受けた。『自省録』には、あたかも朱子その人と対面しているかのような生々しい迫力があるというのである。退渓は、「四書集註」や『朱子文集』（詩文・書簡集）や『朱子語類』（門人たちと交わした白話の問答録）など、朱子の原典や朱子の肉声が聞き取れそうなテキストによって、朱子その人の学をつかみ取っている。明の疏釈の書では得られない朱子の「真意」を内在的に理解するのに、退渓は成功している。闇斎はそのことに気づいた。それまで読んでいた『四書大全』などを「末疏の書」だとして断然捨て去り、前提なしに朱子原典に即して、道の「真意」を探求することに向かった（阿部吉雄『日本朱子学と朝鮮』、田尻祐一郎『山崎闇斎の世界』、澤井啓一『山崎闇斎』）。ちなみに後に、闇斎は「日本の朱子」に擬せられ、李退渓は「東方（朝鮮）の朱子」と称された。二人はまさに好一対をなしている。

闇斎は、孔子の「述べて作らず」（『論語』述而篇）に倣い、朱子の忠実な「祖述者」をもって任じていた。ここで「祖述」というのは、たんに朱子学説を解釈し解説の語を重ねることではない。まして朱子を反復するだけの、新味のない学という意味でもない。子安宣邦《こやすのぶくに》の言に従えば、祖述とは「朱子における儒学再構成の作業の内部に追体験的に参入し、その再構成作業を己において再現すること」(『江戸思想史講義』)、つまり朱子が学んだのと同じ学びを追体験することによって、朱子の「真意」をなまなましく認識することである。いわば、朱子の思考を己の身に身体化することをめざしたと考えてよい。その作業のことを闇斎は「体認自得」と表現したのである。

闇斎は、朱子に直接向き合い「体認自得」実現のため、朱子原典を厳密に校訂し、自ら訓点を付し定本を定めた。これをもって、日本における「朱子学の成立」といってもよい(子安前掲書)。

闇斎は名を「嘉右衛門《かえもん》」、略して「嘉」と自称したが、それは朱子の名「熹」にあやかり慕ってのこと。号にも、朱子の号「晦庵《かいあん》」の「晦」(暗い)と同意の「闇」の字を選んだ。いずれも朱子と同じ文字は憚り遠慮したのだろう。さらに闇斎蔵書の表紙は丹がらの朱色、日々の手拭いや冬の羽織まで朱色を貫いた。滑稽にさえ映るその態度は、後世しばしば揶揄の意を含んで話題にされている。しかしそれらは、闇斎の精神性のおのずからなる表現とみた方が自然ではなかろうか。かれは大真面目に朱子にあやかりたいと願っていたのである。李退渓が編んだ『朱子書節要』をとくに重んじ、朱子原典の校訂作業に大いに活用したという(阿部前掲書)。ちなみに『朱子書節要』とは、朱子の肉声がうかがえるような書簡を選び注を付した撰集。退渓は、朱子の人柄や情感を感じとらせて、読者の感奮興起をねらっていた。

このようにみてくると、闇斎の朱子「祖述」とは、結局、朱子への一体化を希求することであったにちがいない。

「心」の確立を求めて

闇斎が求めたのは、ゆるぎない「心」の確立とその方法であった。内面に沈潜し己の内部に完結しようとする禅とは異なり、あくまで他者との関係性(五倫)のなかで、日々正しく実践できる心の在り方を探究した。そのために注目したのが「敬」である。闇斎は、朱子の思想を次のように理解した。

朱子は、門人の問いに答えた『大学或問《だいがくわくもん》』において、「敬」は学問の「始」を成しかつ「終」を成すといい、さらに「敬」を「一心の主宰」「万事の本根」と規定した。それはいったいどのような意味なのか。

朱子は子どもの学びのテキストとして『小学』を編んだ。「灑掃《さいそう》応対進退」や「礼楽射御書数」(六芸《りくげい》)、すなわち礼儀作法や基礎的な教養を身につけることを、子どもの学びとして定式化した。そのいずれもが、身体を通した学びであった。この基礎の上に『大学』の学び、すなわち自己の人格を完成させ、天下国家を治めるよき政治主体となる、「修己治人《しゅうこちじん》」の学びを想定した。子どもが始める『小学』から、人格を磨きよき為政者になる『大学』に至るまでの学びの根底に、一貫して「敬」がなければならない。朱子はそう言っているのである。

では、「敬」とは何か。朱子の言葉では「主一無適《しゅいつむてき》」(『論語集註』)、つまり心を一つのことに集中させ続けること。この「敬」を守ることで、喜怒哀楽の具体的な感情が心に湧きあがってくるその前の「未発」段階——心に感情がわずかに萌し始めた段階で、正しく判断し実践できる。そうした緊張感に満ちた主体を確立させることをめざした。実際には、心を緊張させて慎み静坐し、己の内部に深く思索する行為となる。ちなみに闇斎は「敬義《もりよし》」を字《あざな》とした。「敬」に対するこだわりの表現である。

闇斎の議論は、「敬」と「身」や「心」の関係をめぐって緻密に考え抜かれた論になっている。ここではその議論には立ち入らず、闇斎がいかに「心」の確立に学の第一義をおいていたかを確認するにとどめよう。要は、いかなる事態にあっても適切に判断し、自在に対処できる強靭な主体の確立にあった。「敬」は、そのための方法だったのである。

幕藩領主や武士層への浸透

闇斎が土佐で親しくした野中兼山は、藩政改革を実行した土佐藩の家老であった。京都に帰って後も、闇斎は毎年のように江戸に招かれ、何人もの領主の知遇を得た。なかでも会津藩主の保科正之《ほしなまさゆき》には賓師として礼遇され、圧倒的な信頼を得ていた。保科正之は、二代将軍秀忠の四男で、三代将軍家光の異母弟。家光の遺言により、幼君の四代将軍家綱の幕政を仕切り、その基調を文治に転換させた「名君」と評された。

正之の会津藩や幕府の治政には、闇斎朱子学の影響がみてとれる。たとえば会津における仏教排除(寺院整理)の政策、会津三部書の編纂協力、幕府の「寛文異学の禁」などである。

会津三部書とは、会津藩の朱子学の根幹とされた書で、いずれも正之の編である。『玉山《ぎょくざん》講義附録《こうぎふろく》』(朱子の『語類』や『文集』から重要な箇所を抜粋)、『二程治教録《にていちきょうろく》』(民政に有用な程明道、程伊川の語の抜粋)、それに『伊洛三子伝心録《いらくさんしでんしんろく》』(持敬静坐に関する三宋学者の説の収録)のことで、後の二書には闇斎の序と跋が付されている。さらに藩の精神的支柱ともいうべき「家訓《かきん》十五箇条」は、正之の案文に闇斎が添削して定められた。また「寛文異学の禁」とは、保科正之が幕政を仕切っていた時の寛文六年(一六六六)、朱子学を批判した山鹿素行《やまがそこう》が赤穂に配流され、翌七年、陽明心学の熊沢蕃山《くまざわばんざん》が京都から追放された事件のことで、背後に闇斎の意向があったとされている。

こうした事実は、幕藩領主の政治主体の確立に、闇斎の学が有効であったことを物語っており、闇斎学派は後々まで武士層に根強い支持を得ていくのである。

闇斎の語り口

「敬」にもとづく理の「体認自得」は、身体レベルでの朱子学理解である。とすればそれは、体系的な理論や概念の説明とは異なった理解となる。言葉では届かない、身をもって体得するしかない、「身体化された知」である。この立場からみれば、解釈を煩瑣なまでに連ねた明代四書学がいかに無意味にみえるか、明らかである。

朱子と同じ世界——それはまた孔子の世界にも重なる——に追体験的に参入する。それができたのは朱子の後には、朝鮮の李退渓、そして己のほかにはいない、闇斎はそう信じていたはずである。この学問を、門弟や他者にどのように伝えるか、またどのような方法によってそれが可能となるのか、その模索こそ闇斎の学問的実践であった。

体認自得した「道統ノ心法」を正しく伝えることができるただひとりの伝達者として、闇斎は〈特権的な語り手〉であった。「身体化された知」を伝える言語は、経書の字義を一字一句注釈する言葉でも、理論的・解説的な言説でもない。それは必然的に、生身の身体に直かに迫ってくるような、感覚的な「語り」となる。たとえば「敬」について、闇斎の「敬斎箴講義《けいさいしんこうぎ》」では、次のように語られる。実際にかれが門弟たちに語った講義を、話法もそのままに再現した記録の一節である。

扨《さて》敬ト云ヘルハ何ノ子細モ無ク、此心ヲ欝《う》乎《か》々《う》々《か》ト放チヤラズ、平生吃《きっ》ト照シツメルヲ敬ト云ゾ……只此心ヲハッキリト呼サマシテ、此ノ間一物モナク、活《かっ》潑《ぱつ》々《ぱっ》地《ち》ノ当体也。

話し言葉そのままの生々しい文体である。「ウカウカト」「吃ト」「〜ト云ゾ」「ハッキリト」など、俗語や擬態語を使った感覚的な表現に満ちている。それらは、ふつう書き言葉で使うことはないが、聴講者の身体感覚を呼び覚ますような語り口である。逆に言えば、身体感覚に迫ってくる語り口でないと伝わらない世界を、闇斎は伝えようとしていたのである。

闇斎の講釈の態度は厳しく激しかった。「崎《き》門《もん》の三傑《さんけつ》」とよばれる高弟のひとり、佐《さ》藤《とう》直方《なおかた》（一六五〇―一七一九）でさえ、闇斎塾に入るときは獄につながれるような恐怖に襲われ、退出時はまるで虎口から脱した思いだったという。その講義ぶりは、一杖で講座を激しく叩き、その音吐は鐘のごとく、顔つきも烈しく、聴者は凛然として顔を上げることさえできなかった（『年譜』）。一方向的に闇斎が独演する、一斉講義のスタイルであった。

闇斎の講釈は、瑣末な細部にはこだわらず、特定の論点に集中して語ったという。激しい感情の高揚をともないながら、一字一句の細部よりも、主題を一点に絞りこんで、そこにぎりぎりと錐を刺すかのような鋭さをもって行われていた。緊張感に満ちた光景が目に浮かぶようである。

闇斎からすれば、この講釈話法によってこそ、朱子学が身体レベルにまで届く理解となると考えられていた。感情に訴え身体にしみわたる激しい言葉は、結果として「パフォーマンス」というにふさわしい。それを「演じきる」気迫がかれには満ちていた。パフォーマンスをともなう講釈が闇斎の思想表現だったといってもよい。

思想の方法としての「講釈」

闇斎学ではこうして、口語の講釈が思想を伝える知のメディアとなった。闇斎には、朱子原典の校訂以外に新たな著作はほぼない。真理はすべて朱子のテキストに込められている。闇斎は「祖述者」に徹した。とすれば、闇斎の門弟からすれば、師の学問はその講釈のなかにしかない。闇斎の講釈こそが、朱子学の真理に参入する回路であり、闇斎学の〈知の伝達メディア〉であった。

そのため、闇斎学派では師の講釈が絶対であった。だから師説の語り口を記す「講義筆記」や「語録」が、口語話法のままに筆記され伝写され続けた。経書注釈や概念の解説で師の教えが著される他の学派とは大きく異なり、闇斎の講釈は、たんなる教授の方法を超えて、思想の表現そのものであった(子安前掲書)。

ここにおいて、テキストを自らが読む「読書」という方法は後退していく。闇斎学派では、読むテキストが決まっていた。闇斎が認めた朱子の原典、すなわち『小学』『近思録《きんしろく》』と「四書集註」、『大学或問』『中庸或問』『中庸輯略』『周易本義』(これに、朱子の肉声を伝えるような白話を含む『朱子文集』『朱子語類』を加えてもよい)に限り、それ以外のテキストを読むことは不要とされたのである。

闇斎の読書不要論は、講釈を〈知の伝達メディア〉として選び取ったことと表裏の関係にある。真理は書物のうちにではなく、闇斎の講釈のうちにあり、その記録が、すべてに優位するテキストとして転写を重ねていった。声を主要なメディアと考えた闇斎学の思想の特質に規定された方法上の選択であった。

第三章

伊藤仁斎と荻生徂徠
——読書・看書・会読

伊藤仁斎宅（古義堂）跡（著者撮影）

1　伊藤仁斎――独習と会読

闇斎と仁斎

山崎闇斎は、自分が朱子その人と同じになりたかった。そして朱子学をまるごと体得したと自認し、「日本の朱子」と称されるようになった。門人六〇〇〇人、しかも幕政を主導した保科正之から篤い信任を受けたように、闇斎朱子学は、当時の日本のとりわけ武士社会に、鮮烈な印象をもって迎えられた。闇斎塾は、京都、いまの上京区葭屋町《よしやまち》通下立売上《しもだちうりあが》ルの地に営まれた。

この勢いのある闇斎塾の一筋東、堀川を挟んだすぐのところ、いまの東堀川通出水下ルに、ひとりの若き学徒がいた。伊藤仁斎である。仁斎も、当初は、闇斎朱子学の強い磁力に引きよせられた朱子学者だったようである。闇斎開塾の明暦元年(一六五五)当時、仁斎もまた、「敬」中心の朱子学の学びに没頭していた。

仁斎はしかし、ゆきづまった。ほぼ学問的思考の限界まで行った末、そこから反転し、アジアで最初のもっともラジカルな朱子学批判者となった。仁斎が、闇斎朱子学とほぼ同じ地点から出発しながら、なぜ闇斎への、そして朱子学への、もっとも激しい批判を展開するようになっていったのか。そしてそれが、仁斎の学びの方法と学問の発信、すなわち〈知のつくられかた〉にいかに関わっていたのか、それがここでの主題である。

町衆文化の中心圏

伊藤仁斎（一六二七―一七〇五）、名は維楨《これえだ》、字は源佐《げんすけ》といい、仁斎と号した。

仁斎の思想を考えるうえで、その生育した文化環境が重要である。生家については詳らかではない。京都の裕福な商家・伊藤七右衛門《しちえもん》の長男として生まれた。母の那倍《なべ》は、里村紹巴《さとむらじょうは》の孫娘。紹巴は当代随一の連歌師で、里村家はその後、代々幕府の御用連歌師をつとめた。また那倍の母は豪商・角倉家の出であった。加えて那倍の姉は、京都の名医・大須賀《おおすが》家（後陽成天皇に召された医師）に、妹は著名な蒔絵師の田付《たつけ》家に、それぞれ嫁いでいる。後に仁斎は尾形嘉那《おがたかな》を娶ったが、嘉那の生家の尾形家も、本阿弥光悦《ほんあみこうえつ》と姻戚関係のある著名な医家である。元禄期の天才的芸術家の尾形光琳《こうりん》・乾山《けんざん》兄弟は、嘉那の従弟であった。歴史に名を輝かせた著名な文化人集団のただなかに、仁斎はいたのである。

母の実家里村家は、伊藤家の一町半（約一五〇メートル）北東の地にあった。近隣である。里村家では連歌会も頻繁だったはずだから、そこは町衆や公家、知識人など京都の最高クラスの教養人が集った空間であったにちがいない。要するに仁斎は、文化的に王朝文化につながる裕福な京都上層の、最高度に洗練されていた町衆文化人集団の中心圏で生まれ育った。この文化圏は結果的に、仁斎の学問を根底で規定していた。結論を先取りすれば、京都町衆の文化世界の価値観を突き詰めていった先に、仁斎の学問と思想があった。

伊藤仁斎肖像(『先哲像伝』初輯,
国文学研究資料館画像データ)

儒学への志

仁斎の経歴の概要は「先府君古学先生行状」にうかがえる。それは、仁斎没後に長男の東涯《とうがい》が編集した信頼できる伝記である(以下「行状」と略する)。「行状」によれば、伊藤家には「四書集註」『朱子語類』『四書或問』『近思録』『性理大全』など、朱子学の基本テキストが家蔵されており、父は幼い仁斎にその「句読」(素読)を習わせた。父が句読を学ばせたのは、教養人として必要な、学問と漢籍の一通りの素養を身につけさせるためであった。京都の町衆社会の教養である。それを超えて、仁斎を儒者の道に進ませる意図など、父には毛頭なかった。

しかし一一歳の仁斎は、『大学』の「治国平天下《ちこくへいてんか》」の条にふれて、世にかような学があることに感動したという。『大学』とは、「三綱領八条目」を掲げて学問の目的や方法を説いた書である。その「八条目」(格物・致知・誠意・正心・修身・斉家・治国・平天下)は、学問によって順に己を道徳的に成長させていけば、身につけた徳によって家・国・天下――いわば世の中――を正しく治めることができると説いている。仁斎は、この八条目の趣旨に感動したものと思われる。儒学に目覚めてしまったのである。

以来、寝食を忘れて儒学に没頭した。後に、我が才能は乏しいが「学を好む」という一点では聖人にも譲らなかった、と回顧している。これは「十室之邑必有忠信如丘者焉、不如丘之好学也」(どんな小さな村でも私程度の忠信の人は必ずいるが、私ほどに学を好む者はいない)という『論語』公冶長《こうやちょう》篇の孔子の言を踏まえている。孔子を意識した儒学への、仁斎の意気ごみがうかがえる。

しかし当時「儒者」という職業があったわけではない。まわりの人は医師への道を勧めた。自分への愛情の深い人ほど、私の学問に反対する「敵に思えた」、とまで述懐している。仁斎周辺の文化人には、公家や王朝文化につながる教養人、医師、芸能者は多かったが、朝廷の世襲博士家のほかに儒者は存在しなかった。先に、京都は儒者の塾が軒を連ねる「大学のまち」

だと述べたが(第一章)、それは一七世紀末の元禄以降のこと。仁斎の子ども時代の一六三〇年代は、まだそうした状況ではなかった。「市井の儒者」という人生の選択肢は、儒者を受容する基盤が弱かった当時の町衆世界には、なかった。それでも、仁斎の志が揺らぐことはなかった。

明暦元年(一六五五)、仁斎二九歳の時、周囲の反対を押し切り、家業を弟に託し実家を出て近くの松下町に居を構えた。学問に専念するために、ストイックな空間を選択したのである。仁斎は、朱子の師にあたる李延平《りえんぺい》にとりわけ傾倒した。格物窮理より、静坐を重んじる『延平《えんぺい》答問《とうもん》』に感動し、紙が擦り切れるほどに読んだという。ちなみに李延平も市井から離れ学に専念した隠者であった。家を出たのは李に倣ったものであろう。さらに自らの書斎に、朱子の「敬斎箴《けいさいしん》」(「敬」実践のための一〇カ条の心得、闇斎がとくに重視していた)を掲げ「敬斎」と称し、自ら号して「敬斎」と名乗った。「敬斎記」と題する文も書いている。個別の「理」をひとつひとつ究明していく「窮理」ではなく、自らの内面に沈潜する「敬」(守静持敬)の方法に、仁斎は傾斜していった。先の山崎闇斎にいたって近い立場である。

「敬」との決別――「仁斎」の誕生

ストイックな仁斎の学問生活は、さらに禅宗系の「白骨観法《はっこつかんぽう》」に向かい、そこでゆきづまる。

「静坐して自己の一身を思う」という白骨観法にしたがい、過度な内面的思索に沈潜していった。しかしその先は、あらゆる生命感覚が脱落し「白骨」に見えてくる世界が待っていた。己の身も対坐する相手も「白骨」に見え、道行く人は「木偶人」(木の人形)のよう。この世のすべてが空虚なまぼろしに思われ、その挙げ句、儒学の根幹たる「孝悌忠信」の道徳などはとるに足らない、そう思えてきたというのである。求道者よろしく追い求めてきた結果、仁斎は身をもって生命感覚の剝落した境地を「体験」した。これはある種の心身症の症状と符合するだろう。現代の臨床心理家なら、その病名さえ容易に思いつくにちがいない。

しかし仁斎は儒者であった。白骨観法の境地は、儒学の道徳的核心まで疑い、はてはその否定にいたる。とすれば、それは、人倫を否定する仏教や老荘にひとしく、断じて「天地の実理」などではない。儒教的価値とは対極に位置する。そう仁斎は気づき、思想的危機から帰還してきた。このことを、六五歳になった仁斎が回顧して言う。それまで専心学んできた宋儒(朱子学者)のめざす悟りの境地が迷妄であることにようやく気づいた、『論語』と『孟子』を「実理」に即して読みなおすことで、すべてはっきりと理解できた、それはまるで昔の懐かしい友人と出会ったような気がして、うれしさは言葉にならないほどだった、と(「読予旧稿」『古学先生文集』)。

「行状」にも、朱子のいう「明鏡止水、沖漠無朕、体用、理気等」の説はすべて仏教や老荘思想の余りもので、聖人本来の説ではないことがわかったと記されている。朱子自身も禅仏教と対決する過程があったが、「敬」の修行にゆきづまった仁斎からすれば、朱子学はまだ仏教と同じ立場にとどまっていると見えてきたのである。仁斎は、朱子学をトータルに批判する学問的な立脚点を見つけだした。思想の「コペルニクス的転回」であった(石田一良『伊藤仁斎』)。三二歳で「仁説」を著し、号も「敬斎」から「仁斎」に改めた。「敬」と決別することで、仁斎の新たな道が始まったのである。

否定的媒介としての闇斎学

仁斎は、このように、朱子学の「敬」にゆきづまり、朱子学そのものに疑いをもつにいたった。「敬」中心の朱子学といえば、もちろん先に見た山崎闇斎が当時の代表。闇斎が開塾したのが、奇しくも仁斎が学問に専念するために、実家を出た年であった。しかも仁斎の住まいの至近距離。仁斎が知らないはずがない。闇斎塾に顔を出したことがあったとて不思議ではない。しかし両者が接触したという記録は、闇斎側にも仁斎側にも見あたらない。奇妙でさえある。

仮説を承知でいえば、仁斎は、闇斎塾の学問風景に人間抑圧の思想の姿を見た。仁斎は闇斎を名指しでは批判していない。しかし、仁斎が批判する朱子学は、闇斎学にぴたりと符合している。たとえば「専ら敬を持する者は特に矜持を事として、外面斉整也。故に之を見るときは、則ち厳然たる儒者なり」、「敬」中心の朱子学者はとりわけ誇り高く、外面は厳めしい儒者に見える。「然れども其の内を察する時は、則ち誠意或いは給せず、己を守ること甚だ堅く、人を責むること甚だ深く、種々の病痛故《もと》より在り。その弊勝《あ》げて言ふべからざる者あり」、しかしその心の内側は、誠実さに欠け自分の主張ばかり言いつのり、他者の非を責めるだけである。その弊害は数えきれない、という(『童子問』)。

あるいはまた、「一毫残忍《いちごうざんにん》の志有る時は仁に非ず」、心のうちにわずかでも残忍酷薄の気持ちがあれば、仁ではない。そういう人は、「好んで人の不善を言い、深く人の小過を責め」、自分のことより、他人の欠点を言いつのり非難してやまないともいう(「諸友為余賀七衮宴集講義」『古学先生文集』)。「敬」中心の闇斎学に、人間性を損ない不仁に向かう特質があるとみなしているとしか思えない。

闇斎学派では師説は絶対で、それにたがうことは許されなかった。その結果、師弟関係に厳しく(「師道至厳」)、門人のささいな過失も赦さない。性格的にも狭量で傲慢、そのため闇斎と交友をまっとうした人はほとんどいない。こう書き残したのは、闇斎と同じ土佐南学派朱子学者の大高坂《おおたかさか》芝山《しざん》である(『南学伝』)。闇斎の恐怖の講義ぶりについては前章に見た。高弟に対する義絶や破門が絶えなかったことも、闇斎学派の顕著な特徴であった。

仁斎がこうした闇斎学を意識していないはずはない。生真面目に「敬」を求めて窮地に陥った仁斎は、自らの危機を闇斎学の在り方に重ねたにちがいない。その学の弊害を目の当たりにして、ここからかれは反転した。闇斎学を否定的媒介として、仁斎は自らの学とその方法を選び直し、再構成したのである。その結果、闇斎学と対極にある儒学にたどり着いた。そのように想定される。

同志会での学び

寛文二年(一六六二)、大地震を機に、仁斎は自宅に戻り、仲間と「同志会」を開いた。後に「古義堂」と称される学問塾の始まりである。

同志会は当初、仁斎宅で月三回開かれた。「同志会式」という会則によれば、会員はめいめいが「一茗一果」(茶・菓子)を持ち寄り、着座は年齢順。北壁に掲げた「歴代聖賢道統図」(後に孔子像に変更)に拝礼の後、「講者」が輪番で書を講じ(講義)、それをもとに討論する。議論が定まらない時は「会長」が「折衷」(正しく調整)し、「策問」「論題」つまり提案された問題について「論策」(解答)を出し合い、最後に「会長」がコメントする。ただし「甲乙」などの序列はつけない。この議論の論点は整理して記録に残していく。古義堂に伝わる『同志会筆記』はこの記録の集成である。同志会は第一章に述べた「会読」、一種の共同研究会といってよい。前田勉は、同志会に会員相互のコミュニケーション性、対等性と結社性の存在を指摘し、この会読に教育方法としての画期を見る(『江戸の読書会』)。

ここには師からの一方向的な講義はなく、師弟関係も絶対ではない。同志に開かれた協同的な関係性がある。いずれも闇斎学と方向が逆である。「予は門人小子の説と雖《いえど》も、苟《いやしく》も取るべき者有るは皆之に従ふ……門人と商搉《しょうかく》し、衆議定まりて而《しか》る後に之を書に命ず。若《も》し理に合はざる者有れば、之を却《しりぞ》く」(『童子問』)という。つまり門人らと議論して理に合うものがあれば、それがたとえ門人や若者の説であっても採用する。これが仁斎の基本の態度であった。ここで「門人小子」とか「衆議」とか、ことさら言あげするかのような言葉遣いの裏に、闇斎学への対抗意識が垣間見られるように思われてならない。

仁斎の『論語古義』『孟子古義』は、朱子の『論語』『孟子』の集註に対抗した注釈書であるが、仁斎は、この代表著作に、たえず改訂を加え続けた。その改訂は、同志会での門人たちとの議論の成果を反映したものであった。このように、仁斎の主な著作は、随時アップデートされ続けたのである。

「日記」によれば、「輪講」と称される研究会の「会所」(会場)は、仁斎宅に限らず、同志の家を輪番とした。会の後には酒食が用意され、さながら社交サロンの趣があった。これは、連歌や和歌の会と重なる風景である。とすれば、同志会も、京都文人たちの連歌、和歌、詩社などの会衆の延長上にあったといってよい。仁斎学は、日ごろ親しんできた社交文化のなかから立ち上がってきたのである。連歌が、会衆者による一つの協同作品をなしたように、仁斎の学も同志たちと協同するなかから形成されたとみてよい。とすれば、仁斎の思想の内容にも、それが反映されないはずはないだろう。

2 「論語空間」の発見

「人倫日用」の学

仁斎学は、「人倫日用《じんりんにちよう》」の思想と約言できる。「道は人倫日用まさに行くべきの路、教えを待ちて後に有るに非ず」と、「道」の定義も明解である(『語孟字義』)。「人倫」とは、君臣・父子・夫婦・昆弟(兄弟)・朋友の五種類の人間の関係性=「五倫」のことである。人の日常は人どうしの関係性によって構成されている。だから「道」は日常卑近で「知り易く行い易く平正親切」、教えられなくてもだれもが容易に実践できるもの。とすれば逆に、「知り難く行い難く高遠及ぶべからざるの説」は、もうそれだけで「異端邪説」にほかならない(『童子問』)。これは、難解で高遠な理論体系を誇る朱子学否定の言説にほかならない。

人間存在の本質は、人間一個の閉じられた内面にあるのではない。己が他者とつながる開かれた関係性のなか、つまり「人倫日用」のうちにこそ、ある。そう確信した。そこに人間観の反転が認められるだろう。

仁斎の言説は、朱子学に対抗させた二項対立の図式に満ちている。たとえば、朱子学の理念的な「理」に対して生命を生み出す天地の「生々の気」、朱子学の「敬」に対して「仁」(他者への愛情)、抽象的な「高遠」より日常の「卑近」などのように。いずれも朱子学と格闘してきた痕跡といってよいだろう。そして、その末にみいだしたのが孔子の言説――『論語』であった。「孔子立教の本原、論語の宗旨」(『童子問』)、つまり孔子が教えた人間社会の本来の在り方が、『論語』に平明に語られていると確信した。だから「道」というのは、「孝悌忠信を言いて足れり」と言い切る。身近な人への愛情の徳を意味する「孝悌」「忠信」はいずれも、『論語』学而《がくじ》篇の冒頭近くにみえる言葉である。

「最上至極宇宙第一論語」

朱子は『礼記』の「中庸篇」と「大学篇」に特別な意味を与えて形而上学を構築した。それに対して仁斎は、「いま眼の前のその人といかに正しく交わるか」という単純な日常から、学の意味を問うた。その問いこそ孔子の問いであると確信し、『論語』を読みぬいた。そこから見えてきたのは、「孔子は理の字を言わず、道を言う」、「理」という語を言わないし、「仁」とは何かといった類の抽象的な議論を、孔子は決してしていない。ただ門弟たちとの対話での具体的な問いに答えて、何をどうするか、正しい判断を示しただけである。『論語』はその言説の集録。仁斎は『論語』の絶対性を確信し、日常の問いの側に立って『論語』を読みぬいたのである。『論語古義』の自筆稿本の各巻巻頭には、必ず「最上至極宇宙第一論語」と明記した。いわば『論語』絶対化宣言である。また併せて、孔子が「最上至極宇宙第一聖人」であるというのも、孔子が人の拠るべき「人倫日用」の道徳を、初めて立ち上げたからにほかならない。

『論語』は個別具体的な孔子の言説を編んだものである。その「意味血脈」すなわち対話の文脈を正しく理解するためには、『孟子』の助けがいる。『孟子』は「万世の為に孔門の関鑰《かんやく》を啓くもの」、つまり思想抗争の諸子百家の時代に、孔子の正統な後継者として、孔子の道を一般化し「仁義の道」として政治的世界に展開・応用してみせた。諸子百家とのちがいを際立たせるために、『孟子』は語られている。その意味で『孟子』は『論語』の注釈だと仁斎はみる。『孟子』と併せて『論語』を読むことによって、孔子が言葉を発した文脈が読み取れ、孔子の真の道が理解できるというのである。

仁斎の『論語』解釈の方法

ただし仁斎による『論語』理解の方法は、言説の正確な「古義」を実証的に解明する文献学の類ではなかった。「字義の学問における は固《まこと》に小」、『論語』の言葉の正確な意味の解明自体はさして重要ではない。ただ『論語』『孟子』の二書をひたすら「熟読精思」する。そうすることで、「意思語脈《いしごみゃく》をして能く心目の間に瞭然」、つまり孔子の思想や思考法がおのずから明瞭に認識できるというのである（『語孟字義』「識語」）。

この点を仁斎は、「大学非孔子遺書弁」（『大学』は孔子が遺した書ではないという論説）において、『論語』『孟子』への「沈潜反復、優游饜飫《ゆうゆうえんよ》」が重要だと述べている。つまり二書を注釈し理論整合的な理解を求めるのではなく、その内部に深く入りこみ、繰り返し読み続けていわば体験的に理解する。『同志会筆記』にも、「悉く語録註脚を廃して直ちに之を語孟二書に求め、寤寐《ごび》以て求め跬歩《きほ》以て思ひ、従容体験して以て自ら定まることありて醇如たり」と言う。つまり、後世の注釈類はすべてやめて、直接に論孟二書の原典に即して、寝ても覚めても歩きながらでも、考え続ける。そのうちに孔子の真意がおのずからわかってくる、というような理解である。いずれも、孔子の感覚がリアリティをもって共感できるような『論語』理解を求めているといってよい。煩瑣な四書学を斥け、論・孟のテキストへ直接に没入する。自らが没入した体験を通して著した注釈が、『論語古義』であった。その意味で、『論語古義』を「仁斎の思想的体験の書」と子安宣邦がいうのは同意できる（『伊藤仁斎の世界』）。

ただ孔子の「意味血脈」を、リアリティをもって体験的に認識するという仁斎の方法は、いかにも主観的方法である。その分、仁斎が生きてきた京都の文化世界に、（それとは意識しないままに)引き付けた理解につながることは避けがたい。「人倫日用」言説にその刻印をみいだすことは容易である。想像をたくましくすれば、仁斎は、孔子とその門弟たちが構成した対話空間――それを「論語空間」とよぼう――に、自分たちの知的共同の場面を重ねてみていた。そうであるなら、仁斎にとって古義堂とは、孔子の「論語空間」の再現をめざした〈学びの共同体〉であった。

浅見絅斎の仁斎批判

先に述べたように、仁斎は闇斎を名指しで批判しなかったし、闇斎も七歳後輩の仁斎をそれとは批判していない。しかし闇斎的厳格さを闇斎以上に継承したとされる浅見《あさみ》絅斎《けいさい》(一六五二―一七一二)は、激烈な言葉で仁斎批判を展開した。たとえば仁斎のいう「孝悌忠信」は、世間の愛想よい「嫗嫗《うばかか》ノ挨拶」と変わるところがない、という。これは仁斎学の本質を裏側から言い当てているだろう。

仁斎は、たしかに他愛ない「嫗嫗ノ挨拶」の側から「人倫の道」を立ち上げた。いっぽう絅斎は、「人倫日用」を「本然の理」の深みの次元でとらえずにはおかない。それが朱子学の思考法である。ただ絅斎も、「人倫日用」という仁斎と同じ土俵に上がって、仁斎批判を展開していたことは見落としてはならない。絅斎も京都に開塾し、仁斎と同じ時代を生きた朱子学者。

絅斎は闇斎に学ぶかたわら、仁斎に対抗することで、自らの学の立ち位置を定めたにちがいない。元禄期京都においては、学問が「日用」の生活の次元で熱く議論が交わされた。ここに、仁斎が「日用言説」を浮上させたひとつの意義がみいだせる（李芝映「元禄期における「日用言説」の浮上」）。

ここで改めて想起していただきたいのが、闇斎学の「体認自得」である。闇斎は、注釈学を斥け、朱子その人の学問世界への体験的没入を求めた。仁斎は、孔子の本来の意図を求めて（おそらく孔子その人と同じになりたくて）、『論語』『孟子』への体感的理解に向かった。両者の思考法は、意外にも相似形である。対象にちがいはあるものの、リアリティをともなった体験的没入という点で、両者は通底している。仁斎学は、闇斎学を「否定的媒介」としたと先に述べたが、それはネガとポジの相違であり、両者はやはり同時代の学として、同じ土俵での強い影響関係があったといわなければならない。しかし知の発信形態とその伝達メディアは対照的であった。それは、知の特質の相異に由来するものであった。

仁斎学のメディア

仁斎は自らの知をいかに発信したのか。まずは漢文の著作で自己の学問を表明したが、かれは自著の補訂作業を、生涯、やむことなく続けた。『論語古義』『孟子古義』『語孟字義』『童子問』といった主要著作は、自筆書入れの稿本として、いまもそれぞれ数種類が天理大学図書館の古義堂文庫に残されている。

仁斎には、自著を出版する意思はなかった。出版メディアによる発信を選択しなかったのである。贋刻本(海賊版)が出回ったほどだから、世に需要がなかったわけではない。熊本細川侯からの招聘など複数あった仕官話にも応じていないから、政治実践の場での自らの学問の活用を考えていたとも思えない。ただ、長男東涯を除き、子どもらの仕官は認めていたから、政治世界へのコミット自体を否定してはいなかった。しかし少なくとも、仁斎とその後継者は、京都市井の儒者として生涯を貫いた。古義堂という「論語空間」に生きる生き方を、かれは選択したのである。

要するに仁斎の知は、同志との対面的な学問交流の現場から発信された。一方向的な講釈ではなく、会衆者が協同で討論講習する〈知の共同体〉ともいうべきものである。もう一度想起したいのが、京都文人のサロン的空間である。こうした町衆の文化空間を基盤に、仁斎の知が協同的に形成された。この仮説に立てば、仁斎の学の発信も、継続された自著テキストの補訂作業も、この知の現場での議論や成果の更新であった。その著作の成果が戻ってくるのも、また古義堂という知の現場であった。

著作が出版されない以上、仁斎の学にふれたいと願う者は、この空間に参入してくるほかない。古義堂の門人帳(「初見帳」)に名を録する者、三〇〇〇人という。飛驒・佐渡・壱岐を除き、全国から途方もなく多くの学生が古義堂に参集した。再言すれば、古義堂という知の協同的空間が、仁斎の知の生産・発信の場であり、またかれの知が伝達されるメディアであった。このメディアの在り方が、門人三〇〇〇人という現象をもたらしたのである。

「京都町衆の文化世界の価値観を突き詰めていった先に、仁斎の学問と思想があった」と本章冒頭に述べたが、それはこうした意味においてである。市井の生活者としての価値を生真面目に追い求めた仁斎の思想と人生は、知の内容、発信、メディアにいたるまで、みごとに一貫していたということができる。

3　荻生徂徠——学問の方法をめぐって

闇斎学と仁斎学に対抗して

闇斎は、朱子学の体現者をもって任じ、自らの生の声による講釈で、その知を発信した。いっぽう、仁斎は、人間の関係性のうちに「人倫日用」の学を読み取り、『論語』と『孟子』を読みぬいた。

荻生徂徠は、闇斎や仁斎の次の世代である。かれの眼前には、闇斎朱子学と仁斎古義学があ

荻生徂徠肖像（致道博物館蔵）

った。そのため徂徠は、両者に対抗して学問を形成していった。対抗の基軸は、学問の方法、なかでも経書をいかに正しく読むかということをめぐってである。徂徠の学問方法論に火をつけたのは、闇斎学に対する反発であった。徂徠が闇斎学の何に反発し、どのような方法論を提唱し、その結果、徂徠学がいかに形成されたのか、ここではこうした問題を中心に、徂徠学における〈知のつくられかた〉を追っていきたい。

荻生徂徠という人

荻生徂徠（一六六六—一七二八）は、館林藩主徳川綱吉（後の五代将軍）の侍医・荻生方庵《おぎゅうほうあん》を父として、江戸に生まれた。徂徠が一四歳の時、父が咎を得て江戸払いに処され、南総（現・千葉県茂原市）に一家で移住した。学問形成の青年期をその地で過ごした。学問の世界にはほど遠い農村だったようである。その後、二五歳（二七歳ともいう）で江戸に帰還し、芝増上寺門前で学問塾を開いた。

元禄九年（一六九六）、三一歳の時、徂徠は柳沢吉保《やなぎさわよしやす》に禄仕した。柳沢は、将軍綱吉の寵臣で文事に関心をもっていたから、徂徠は綱吉に接する機会も多かった。やがて、綱吉没後、柳沢が権勢を失ったのを機に藩邸を出て、江戸市中に居住する自由が許され、茅場町に蘐園塾《けんえんじゅく》を開いた。宝永六年(一七〇九)のことである。

その後、明代の古文辞学《こぶんじがく》に触れ、自らの学の方法に覚醒した。その結果、六経《りくけい》に「先王の道」を見出し、「礼楽刑政《れいがくけいせい》」を軸に独自の儒学説を展開して、徂徠学を確立した。

講釈十害論——闇斎学への違和感

徂徠の学問形成において、上述の農村体験が大きな意味をもっていた。江戸にもどった徂徠は、当時の江戸の学問の風潮に対して、二つの点で違和感をもった。一は漢文の読書法、二は講釈という教授法についてである。その違和感は、かれの学問の出発点とされる初期の二著『蘐園随筆』と『訳文筌蹄《やくぶんせんてい》』に表明されている。ここでは、「読書」(学習＝知の獲得)と「教授」(知の伝達)という学問方法論から、徂徠の学問が始まっていた点に注目しておきたい。

徂徠は『訳文筌蹄』で、講釈という教授法には「十害」があるという(「初編巻首題言」)。それを列挙したうえで、この「十害」を母として「百弊」がうみだされる。今の学問衰微の元凶は講釈の蔓延に由来していると断じた。『蘐園随筆』(巻二)では、講釈の蔓延は闇斎学に始まったと名指しで批判する。講釈は、聴衆が聞いてすぐにわかるような平易な話法で語るが、学問は「一場の説話」で語れるものではない。講釈は、学生たちを浅薄な理解に導いてしまい、「深遠含蓄の思ひ、従容自得の味はひ」、つまり言葉に表せないような聖人の深い意図や身体に滲みこんでくるようない味わい深い理解は、とうてい得られない。そもそも「耳に由る」講釈ではなく、「目に由」る、つまり自分の目で本を読む「読書」こそが、学問の方法でなければならない。これが徂徠の主張であった。

読めない漢文をどう読むか

徂徠のこの学問方法論の由って来たるところは、青年期の南総での独学自習の体験であっただろう。『蘐園随筆』の先の引用に続けて、徂徠は次のようにもいう。一四歳の時から過ごした草深い南総では、就くべき師匠も聴くべき講釈もなかった。だから自分で書を読むしかなかった。やがて江戸にもどってみると、世の講釈には一種独特の「俗学の気習」がまとわりついている感じがあり、違和感があった。聞くところによれば、「闇斎先生といふ者」が出現して以降、世の中がその風潮になびいていったとのこと。このように徂徠は、まず闇斎の講釈への強い違和感から、学問方法論に目を向けた。

『訳文筌蹄』(「題言十則」)によれば、南総での独学は、『大学諺解《だいがくげんかい》』という家蔵の本によっていた。それを長年研究することによって、だれかの講釈や解釈を聞かなくとも、すべての漢籍を自在に読み、理解することができるようになったという。この『大学諺解』なる本が何だったのか、確定されていない。吉川幸次郎は白話(中国口語)による『大学』注解本と推定する(「徂徠学案」)。おそらくそうであったろう。徂徠は七―八歳のころから、毎夜、父が口述するその日の出来事を漢文で筆記するという日課をこなしていた。その結果、一一―一二歳のころには漢文の読み書きに不自由しなくなったと述べている。子ども期に漢文言語を「身体化」し、漢文リテラシーを十分に身に付けていたのである。しかしその徂徠をもってしても、『大学諺解』が読めなかったというのだ。通常の古典漢文ではなく、白話文だったからであろう。『大学諺解』読解に取り組むことで「遍《あまね》く群書に通」ずる学力を得たというのは、無点白文の船載書の読解に通暁したことを意味している。

徂徠はこの体験で、先に習得していた古典漢文と白話文の隔絶に気づいたにちがいない。同じ中国語文にしてこのちがいがある。ならば、江戸日本と古典漢文の間には二重の隔絶があるではないか。日本／中国の言語的・空間的隔絶に加えて、古代／現代の時間的隔絶がある。江戸日本の徂徠が中国古代の経書をいかに正しく読むのか、この困難な問いが、徂徠の学問方法の第一の問いだった、そう言い換えてもよい。

江戸帰還後、最初に著した上述の『訳文筌蹄』は、漢文を正しく読み、書くための字典であった。同訓異義語など、漢文中の漢字に対する適切な「訳」(和語)を、多くの文例をもとに解説している。『訳文筌蹄』著作の前提には、当時あたりまえであった漢文訓読法に対する強い方法的批判があった。

同書の「題言」(序文に相当)で徂徠は、訓読法を「順逆廻環」の読みだと批判する。江戸日本と古典漢文の間には何重もの隔たりがあるということを自覚しないまま、世の学者たちは、漢文本来の語順を無視した訓読によって、経書が理解できていると錯覚している。しかし、日本の言語と中国の言語は「何に由りて吻合《ふんごう》せん」、そもそも意味が一致するはずがないではないか。漢文訓読法は、意味を正しく理解しているつもりになっているが、実は牽強付会にすぎない、と言うのである。

読書法

では、この隔絶をいかに埋めればよいのか。その方法が『訳文筌蹄』で以下のように展開される。まず「崎陽《きよう》の学」つまり長崎の通訳が話している「華音」(同時代の中国口語)を学び、華音で漢文のテキストを読む。それを日本語の口語に置き換える(「訳」)。これが一番良い「最上乗」の方法であるという。何のことはない、現代の外国語学習法・読書法と変わるところはない。

しかし、そうは言いながら、現実には華音学習の機会はほとんどない。そこで「第二等の法」を提案する。まずは、四書、『小学』『孝経』『文選《もんぜん》』などの初級者用のテキストを「例に随ひて授け、教ふるに此の方の読法（訓読）を以てす」、当時一般になされていた訓読法で読みかたを教えるというのである。しかし、この段階ではテキストの意味は「極めて解し易き」一、二語を口語で説明する程度にとどめ、立ち入った「道理」は教えない。簡単な意味だけ教えておくのは、学習者に興味を失わせないためである。これを重ねていき五経を終えるころには、『史記』『漢書』などの歴史書の類は、和訓付き（訓読）であれば自力で読めるようになってくる。この段階では、学習者が疑問をもつことを大事にする。その場合「字書」を与え、自分で調べてその意味を考えさせるようにする。こうした読書を重ねていけば、疑問点も自然に「冰解《ひょうかい》」し、訓点付きの書なら自在に読めるようになるという。ここまでは、素読から始める当時の普通の学習と変わるところはない。貝原益軒が述べた標準の読書法とほぼひとしい（第四章参照）。

通常の方法とのちがいは、この段階に到達すると、訓点本は断然廃し、『資治通鑑《しじつがん》』などを無点本（白文）で読ませることである。「速やかに和訓を離れ」ることが肝心だと強調する。無点本を正確に読むこと、これこそ徂徠にとっての「真正の読書法」であった。先に「第二等の法」といいながら、実際にはこの方法が、江戸日本において「真正の読書法」にいたる学習法と認識されていたのである。なおかれは、「詩には詩の体格、易には易の体格」というものがあるから、書物がもつそれぞれの「体格」が理解できるようになれば「思い則ち半ばに過ぐ」ともいう。ここでの「体格」とは、その書固有の思考法や感覚、文体などのことを意味していよう。徂徠が無点本での読書にこだわるのは、「体格」を理解することの重要性に気づいていたからにちがいない。

繰り返すが、徂徠が提案している「第二等の法」とは、当時普通に行われていた素読学習法を徹底したものであった。ある段階で自覚的に訓読法を捨て、白文に切り替える点がちがうだけである。素読とは「テキストの身体化」であると先に述べたが(第一章)、漢文に習熟するにしたがい、その「身体化」が進み、やがては目で追うだけで、漢文が正確に読み取れるようになるというわけである。これが、徂徠が言うところの「看書」である。「看書」についてはすぐ後に述べる。

看書という方法

徂徠の学問方法、とりわけその読書法については、これまで関心を集め、さまざまに論じられてきた。しかし多くは、「華音」や「看書」という用語にとらわれ、その特異性や新奇性を強調し過ぎたのではないか。徂徠の読書法は、子細に分析してみれば、やはり当時の普通の素読学習が前提になっていた。このことを見落としてはならない。

無点本を正しく自在に読むことが「真正の読書法」だと徂徠はいう。中国人と同じレベルで漢文を読むことになるからである。ただ、われわれは華音を知らない。だから、声に出せば「廻環顚倒《かいかんてんとう》」語順を変えて日本語の文法で読む訓読か、仏教流の「従頭直下《しょうとうちょっか》」の棒読みになってしまい、いずれも意味理解に齟齬がうまれる。しかし漢文を見ているわが「一双の眼」は「三千世界の人」万人とひとしく同じで、異なることはない。だから徂徠は「書を読むは書を看るにしかず」、つまり目による「看書」が声で読む「読書」にまさるのだと明言する。誤解を恐れず言えば、「看書」とは、スキャナーで文字面をなぞるだけで意味が解るような読みかたといえようか。ちなみに「看書」の語は、目で読む読書という意味で、現代中国語でも用いられている。

また「文字に熟することの久しき」、長いあいだこの「看書」を重ねてテキストに「習熟」していけば、字義上の意味だけでなく、「一種の気象」までわかるという。ここで「気象」というのは、先の「体格」と相通じる意味であろう。つまり、字義上の意味を超えて、感性や身体による理解や認識にいたるということと思われる。「心と目と双《ふたつ》ながら照らして」、つまり目で読み心で思索することによって、「眼光紙背に透る」ような深い読みができるようになるというのである。

漢文は素読を通して身体化されている。だから口と耳、リーディングとスピーキングを排し、目で原典に直接向かうだけで、そのテキストを正確に理解できる。闇斎の「講釈」とも、仁斎の「会読」(ほぼ訓読法によっていた)とも、よほど異なった方法である。闇斎と仁斎への方法論上の対峙が、徂徠学の形成につながったと先に述べたゆえんである。

徂徠学の成立──「安天下の道」

徂徠学の出現は江戸儒学の流れを変え、学問の風景を一変させた。その意味で、子安宣邦がいう「事件」にちがいない(『「事件」としての徂徠学』)。

まず「道」のとらえ方である。おさらいをすると、朱子学での「道」は、天地自然と人の心を一つの原理で貫く「理」(天理)のことであった。仁斎学では、人の関係性における「人倫日用の道」のことであった。それに対して徂徠は、道とは「先王の道」だという。つまり「道」というのは、古代中国に実在した王たちが、世を平安にする(「天下を安んずる」)ために作った具体的な制作物(「先王の造る所」)であり、決して理念的な「天地自然の道」でも「人倫日用の道」でもないという(『弁道』)。

ここでいう「先王」とは、ふつう堯・舜・禹・湯・文・武・周公(および孔子)に至る、古代の王たちのことをさす。かれらは王朝を創始し(堯は唐、舜は虞、禹は夏、湯は殷、文王・武王は周)、そして文化を興し、理想政治をもたらした。さらに徂徠は、これら先王が制作した「道」のことを、その内容に注目して「礼楽刑政」ともいう。「礼」は人間社会の決まり事、「楽」は音楽で人心を和ませる、「刑」は秩序逸脱者への刑罰、「政」は政治の意味である。要するに「道」とは、社会に秩序を与える文化や諸制度の総称といってもよい。それを作った先王たちは、天から特別に才能を与えられた歴史上の天才たちであり、制作者としての聖人である(「聖は制なり」)。かれらは、農耕・医薬・文字・音楽などを民に教え授け、儀式や政治の諸制度を創り定めた。人類が歴史的に積み上げてきたいわば「文明の形」の全体が「道」であった(田尻祐一郎『江戸の思想史』)。

「道」のパラダイム転換

ここには「道」の認識をめぐる大きなパラダイム転換が認められる。それまで「道」は、個々の人間の側から構想されてきた。朱子学は、天地自然、いわば宇宙大の規模で人間をとらえる理論をそなえてはいたが、実際には人が生きる規範道徳が基本の問いであり、理論的にも人の心に戻っていく構造となっていた。たとえば闇斎の朱子学も、己の心の確立(覚醒)が、めざす学問の目的であった。人の規範を、理気論による形而上学によって根拠づけたところに、朱子学の面目があったのである。陽明学は、朱子学の内面主義を徹底した先に展開された。仁斎学も先に見たとおり、日々の人倫の在り方を問う思想であった。

ところが徂徠は、個を超えた社会全体の側から「道」を構想した。徂徠学の画期性は、社会総体の側から発想する思考枠組みの斬新さにあった。では、徂徠のパラダイム転換はなぜ可能だったのか。推測をまじえていえば、かれは、若年期に地縁でつながった村落共同体(南総)と大衆社会(元禄期の江戸)という、隔絶した二つの社会を体験した。それに、江戸日本と中国古代との、空間・時間・言語の隔絶の認識も加わった。個々の人間を包み込む大状況が人間の在り方に決定的な規定力をもつことを、徂徠みずから体感し、鋭敏に感じ取ったにちがいない。一般に、相異なる世界の体験は、自己と自己の属する世界を相対化し客観化する視点をもたらす。両者にまたがる全体を外側から俯瞰し、その大状況のなかで自己をとらえる視点が生まれるといってもよい。その体験の先に、徂徠の思考のパラダイム転換があったと想定しておきたい。

また、徂徠の置かれた社会的位置も考慮してよいだろう。徂徠は、綱吉政権下の権勢者・柳沢吉保に仕え、将軍綱吉にも信任をえていたが、学問・思想としての徂徠学は、かれが権力から遠ざかっていた家宣・家継将軍の時期に確立された。その後、次の将軍吉宗には、政策ブレーンの中枢的役割を期待された。『政談』や『太平策』をみれば、吉宗政権の政策設計の役が、徂徠に託されていた可能性さえ感じさせるものがある。要するに徂徠は、幕政の最中枢部に身を置いた数少ない知識人であった。自己を幕府に一体化させ、江戸や日本の在り方の全体を構想する使命を、聡明なかれが感じなかったはずはない。徂徠の占めていた社会的位置は、パラダイム転換をもたらした徂徠学成立の前提だったのではないだろうか。

『太平策』や『政談』は、幕政改革を原理的に論じ、かつ具体的な政策を提案した経世論である。後世からも秀逸と評されている。人間と社会への鋭敏な観察力にもとづくダイナミックな改革論は、将軍からの諮問に対する徂徠のあざやかな答案であった。徂徠以後、儒者知識人による経世書が後を絶つことはなかった。儒学の経世学化——一種の政治化という点でも、徂徠は江戸思想史に分水嶺をもたらした。

古文辞学との出会い

繰り返せば、徂徠学における学問とは、「先王の道」を学ぶことであった。先王の道は「五経」に明示されている。五経とは、『易経』『詩経』『書経』『春秋』『礼記』の五つの経書のことで、失われた『楽記』を加えて「六経《りくけい》」ともいう。『易経』は自然の秩序を知り未来を占う書、『詩経』は歌謡の集成で人情や風俗の文学的表現、『書経』は先王たちの教えや事跡を記した書で、天下を治めた方法が具体的に書かれている。『礼記』は政治や社会・家の儀式や行為の規範を示し、『楽記』は「天下を鼓舞する」音楽の類。いずれも先王が作った文化や制度や事跡を、孔子が取捨選択して編集したとされる。儒学が依拠する原典である。この五経(六経)

を学ぶことこそ、「道」を認識するための学問だと、徂徠は考えた。朱子学が原典とする四書(『大学』『中庸』『論語』『孟子』)、なかでも『大学』と『中庸』は、朱子の強引な解釈に汚染されている。だから徂徠は、孔子の言行録の『論語』を除き、ほぼ重んじることはない。

さて、五経は孔子の時代に編まれているから、古代の言語=「古文辞」で書かれている。だから古文辞は、普通には読めるものではない。それをいかに読むのか。そこに徂徠学の方法論があった。

徂徠は偶然、明代の李攀龍《りはんりゅう》、王世貞《おうせいてい》の古文辞学に出会った。その出会いを自ら「天の寵霊」つまり自分に降った「天命」であるといっている。明の古文辞学というのは、「文は必ず秦漢、詩は必ず盛唐」、つまり規範とする古文辞を自己の表現形式として選び、その模倣と引用によって自己表現しようとする擬古主義の文学運動である。含蓄ある古文辞の成句をつぎはぎのように綴り合せて表現する。その表現形式のうちに己を埋め込むという文学の方法である。

明代古文辞学のこの方法が、徂徠に覚醒をもたらした。徂徠にとっては、孔子が編んだ五経こそ、規範となる古文辞そのもの。「今言」と「古言」はもともと時代的にも言語的にも隔絶して意味が通じない。「道」を「載せる」言葉(道を表現する言葉)は時代とともに変わるから、「先王の道」を認識するためには、五経の「古言」(古文辞)を身につけなければならない。つまり古文辞への「習熟」こそ、五経を理解するための徂徠学の方法である(以上、『学則』)。

読めない古典漢文をいかに読むか、それが徂徠の学問の出発点であった。まずは規範となる漢文を素読する。何度もふれてきたように、素読は身体化するまでテキストを反覆し習熟することで、規範的漢文への習熟が無点本の自在な読書を可能にした。次の段階では、声で「読む」のではなく、目でなぞる「看書」こそ、読めない中国古典を正しく読む方法であった。「看書」に至る徂徠の読書法と徂徠が磨いた言語感覚が、明代古文辞学との邂逅をうみだしたと理解できる。「天の寵霊」とは、その衝撃度を強調するレトリックであった。

「習熟」

徂徠は、学の対象たる五経(六経)について、「六経は物也、道具《つぶ》さにここに存す」(『学則』)という。テキストが具体的な「物」だというのはわかりやすいことではない。どう理解したらよいのだろうか。

ここには、五経は他の書とは本質的にちがうものという認識があった。上述のように、五経は先王たちの政治や文化や言行の跡を、具体的事実のままに古文辞に「載せて」、後世のわれわれの眼前に見せてくれている書である。つまり理論や思想を論じたものではない。だから徂徠は、『論語』には朱子や仁斎に対抗して『論語徴』を著しているが、五経への注釈書はない。五経は、解釈や解説の対象ではなく、めいめいが規範として「習熟」し、己と同一化する

「物」であった。

では、五経に習熟するとはどういうことか。先王は「理」ではなく「物」で教えた。朱子学がそうであるように、「理」を説くためには言葉を尽くして説明する必要があるが、「道」は社会全体を包摂する大きくかつ多様なものであるから、「人知」で認識することはできない。まして言葉で説明できるものではない。いっぽう、「物」は先王が制作した文化的産物であるから、人は、時間をかけてそれを学び習熟することで、おのずから「知を開き徳を得る」ことができる。「要は習ひてこれに熟し久しくしてこれと化するに在るなり」(『弁名』)というように、五経に習熟することが、知と徳を養い、人を育てる方法であると考えている。

「習熟」は、言葉や知識や理論によるものではない。反覆経験による「心志身体」(『弁名』)を通した体得である。長年親しむことで「知らず識らず」のうちに「化」して対象と一体となる。経験や習慣を重視する学びと教育の考え方が、ここにはある。なお「習」について徂徠は『太平策』で、『書経』や『論語』などの言をふまえて、「学問ノ道ハ習ハシ熟シテクセニシナスコト」といっている。「クセ」(習慣)になるまでに習熟することが、徂徠のいう学問の方法であった。

以上の徂徠の学問方法が、先の読書法と相似形をなすことに気づかれるであろう。無点本を、目と心でもって自在に「看書」する読書法には、その前提に、素読を重ね古典漢文に習熟していく過程があった。読めない古典漢文をいかに読むか、それをめぐって元禄期の若き徂徠の読書法があり、その先に享保期の徂徠学の確立があった。「習熟」がその両者に一貫した方法である。

知の発信メディア

徂徠の学習の基本は、古典漢文を正しく読むことであり、その方法を求めるなかから、徂徠の知は形成された。かれにとって、知は書物を通じて伝えられ、それに習熟することで知が身体化され、自己のものとなってくる。したがって徂徠は、自らも著作を積極的に出版しようとした。早くは先の『訳文筌蹄』と『蘐園随筆』で、いずれも正徳四年(一七一四)に満を持しての刊行であった。徂徠学成立宣言ともいうべき『学則』は、重要な四つの書簡を付して、享保一二年(一七二七)に刊行された。『徂徠先生答問書』は、出羽庄内藩家老の問いに答えて、政治の要諦を説いた和文書簡形式の経世書であるが、その刊行も享保一二年のことであった。徂徠が没したのはその翌年、享保一三年一月のこと。それ以前の出版は徂徠生前の意思にもとづくもので、いずれも京都の出版書肆からの刊行であった。学問に関わる書物の出版は、江戸の書肆ではまだ困難だったと思われる。

徂徠学を体系的に論じた代表著作の『弁道』『弁名』および『論語徴』の出版は、生前には間に合わなかった。これには、徂徠が改稿を継続していたという事情があった。『論語徴』出版の意欲はとくに強かったようだが、執筆時に記憶に頼って記述していたため、引用に関わる原典照合を必要としていた。その史料批判を門弟の山井崑崙《やまのいこんろん》に依頼していたが、それが手間取るうちに徂徠が没し、さらにその数日後に山井自身も没してしまった(小川環樹「『論語徴』解題」)。『論語徴』の出版は結局、高弟の服部南郭《はっとりなんかく》と太宰春台《だざいしゅんだい》二人の校正を経て、元文二年(一七三七)まで待たなければならなかった。『弁道』『弁名』にも似た事情にあったらしく、出版は元文五年(一七四〇)であった。

さらに弟子たちも、徂徠の著作に対する詳細な注釈書を相次いで出版した。徂徠学の難解さもさることながら、それ以上に、徂徠学の鮮烈な魅力に惹かれ、出版書を通じて学ぶ読者が多かったことを物語っているだろう。

こうして、徂徠の知の発信はまずは書物によっていった。読書は、徂徠自身の南総時代の学習法であった。また徂徠が重視する「看書」も、自己学習の方法である。繰り返せば、徂徠は、闇斎学の声による一方向的な講釈への対抗から、学問を始めた。だから自らの蘐園塾では、会読や輪講といった協同的な学習法が重んじられた。この点では仁斎の古義堂と通ずるところがある。会読にしろ輪講にしろ、学習者の事前学習が欠かせない。その事前学習はもとより「看書」の自己学習によってなされるものであった。

このようにみてくれば、徂徠学における〈知のつくりかた／つくられかた〉を一筋に結ぶメディアは書物、とりわけ出版書にほかならないことに気づかされる。自己学習―看書―会読―出版など一連の徂徠の知のメディアは、そこで展開した徂徠学の思想的な特質と相関的であったといってよい。

第四章

貝原益軒のメディア戦略
——商業出版と読者

貝原益軒肖像(頼祺一編『日本の近世』13,
中央公論社, 1993年)

1 益軒の学びと学問

貝原益軒とはだれか

江戸中期の漢詩人で儒者の江村北海《えむらほっかい》は、貝原益軒について、以下のように言う。益軒には、伊藤東涯や荻生徂徠に劣らず、膨大な著述がある。その大半は、家や村の人々のための教訓や、農耕・生産などのための平易な実用書の類である。それらの著作は名声を求めてのことではなく、人々の実益を第一としている。自分は若いころ、実用第一の益軒の学術を軽んじていたが、今はそのことを悔い反省している、と(『日本詩史』巻三)。

仁斎や徂徠から鮮烈なインパクトを受けた同時代の儒者にとって、益軒への評価はおよそこのようなものであったのだろう。北海だけが例外だったわけではあるまい。しかし、益軒の著作の多くは、版を重ね、近世を通じてベストセラーであり続けた。益軒は、世の読者には、圧倒的に支持されていたのである。

実は今もこれと似た状況がある。思想史研究者の益軒への評価は、熊沢蕃山、仁斎、徂徠らに比べてはるかに低い。研究者は、思想の革新性や独創性に着目するからである。たしかに益軒の学は、仁斎や徂徠に比べれば学問上のインパクトは乏しい。せいぜい、民衆への通俗的な啓蒙の点で評価するにとどまっている。しかしその反面、『養生訓《ようじょうくん》』や『和俗童子訓《わぞくどうじくん》』『大和俗訓《やまとぞくくん》』などの著作は、今でも文庫本で手軽に読むことができる。その読者は少なくないのである。いっぽう仁斎や徂徠を読む読者は、果たしてどのくらいいるだろうか。微々たるものだろう。江戸時代と同じく現在でも、益軒は知識人からの評価は低いが、読者一般には支持されているのである。時代を超えて共通するこの構図は、何を意味しているのか。この興味深い現象に、「益軒とはだれか」とあらためて問わずにはおられない。また、この問いは、本書が主題とする〈知のつくられかた〉とも深く関わっている。

独学自習の体験

貝原益軒(一六三〇―一七一四)は、近世社会が安定期を迎えた元禄期前後に活動した儒者、朱子学者である。丸山真男以来、「朱子学者」との見方を疑う見解も少なくないが、私見では、益軒はどこから見ても朱子学者である。

益軒は、福岡藩の祐筆《ゆうひつ》役(一種の書記官)の五男に生まれた。京都留学の経験をもつ兄もいて、貝原家は藩内ではひとかどの学者の家であった。家庭環境は知的に恵まれていたのである。父が不遇であった一時期、幼い益軒は福岡城内から出て、福岡市中や山間部の田舎で暮らした。六歳の時に母が病死し、庶民女性に養育されたらしい。身の回りの世話を受けたのだろう。後にみる益軒の庶民生活への正確な理解と関心は、子ども期の民衆社会での生活経験が下地にあったからにちがいない。

益軒が四書の素読を受けたのは一四歳の時だという。すでに述べたように、四書素読は普通は六―七歳のころから始めるもので、益軒自身も『和俗童子訓』でそう書いているから、一四歳というのはあまりに遅い。父には、益軒に学問を与えるつもりがなかったか、その余裕がなかったか、どちらかであろう。益軒の信頼に足る伝記資料『益軒先生年譜』(助手役であった甥の貝原好古《こうこ》の編)には、だれからも文字を教えられないまま自力で仮名を覚え、好んで草子類を読んだこと、兄の架蔵の算数書『塵劫記』(第一章参照)を読みその解法を自力で習得したこと、『平家物語』等の軍記物を読みふけり、『節用集《せつようしゅう》』『倭玉篇《わぎょくへん》』等の辞典類にも親しんだこと、などが書かれている。益軒は、一四歳で兄の指導をうけるまで、だれかから教育を受けたことがなかったようである。

しかし興味に従って本を読み、独力で必要な教養を習得した。もちろん自力学習が可能な知的環境が、周辺にあったからできたことではある。益軒は晩年近くに和文の著作を量産しその出版に努めたが(後述)、それらは識字能力さえあればだれでもたやすく読むことができるものであった。なかでも、先に挙げた『和俗童子訓』は、子どもの学び方を記した日本初の体系的教育書とされ、版を重ねよく読まれた。こうした著作執筆の原点には、子ども期の書物を介した独学自習の体験があったと思われる。その意識が益軒自身にあったか否かは別として。

知のネットワーク

五男のこととて、益軒は貝原家の継承者ではなかった。だから、生計の道を自力で求めるほかない。紆余曲折を経て学び、やがてその学識が認められ、福岡藩の藩儒としての一生を生きた。以前に長崎や江戸への遊学経験があったが、禄仕の後、藩命によって京都に七年間もの遊学の機会が与えられた。その間に、益軒は実に多くの人とネットワークを築いた。「旧識」と称する益軒自筆のメモが残されているが、それには益軒と交友のあった人名が地域別に区分されて数多く記されている。地元「筑前」では二五〇名弱、「京」に二八〇名ほどの名がみえる。職種も、京都で見ただけでも、公家や学者文人に限らない。唐本屋・書肆のほか、筆耕・石印工などの職人や、文人に欠かせない墨・筆・硯などの文房具類の商人など、実に多彩である。著名な学者では、黒川道祐《くろかわどうゆう》、松下見林《まつしたけんりん》、藤井懶斎《ふじいらんさい》、中村惕斎、稲生若水《いのうじゃくすい》、向井元升《むかいげんしょう》、それに山崎闇斎の名も見える。しかし伊藤仁斎・東涯父子の名は見えない。意見を異にしたため交友とは認めなかったのかもしれない(後述)。本屋では、後年益軒本の版元を引き受けた茨木屋《いばらきや》太左《たざ》衛門《えもん》（屋号は柳枝軒《りゅうしけん》）はもとより、吉野屋などもある。公家衆には、伏原宣幸《ふしはらのぶゆき》（儒学）、武者小路実陰《むしゃのこうじさねかげ》（和歌）、花山院定誠《かざんいんさだのぶ》（前内大臣）、四辻豊長《よつつじとよなが》（楽官）など少なくない（『益軒資料（三）』「雑記」）。益軒が築いた豊かな人的ネットワークは、きっとかれの「財産」であったろう。

京都は、少なくとも一八世紀初頭ころまで、大坂や江戸以上の学問・文化の先進都市であり、人や情報の集まる全国的な結節点であった。京都における益軒の活動を福岡の側から眺めれば、益軒は、このネットワークの中枢に集積された列島全域のさまざまな情報を福岡にもたらす媒介者、「知の伝達者」の役割を担っていたとみえてくる。とすれば、藩命による京都遊学は、益軒個人の学問修学にとどまらず、福岡藩が全国につながるための知の情報回路のひとつにな っていたとみられよう。福岡藩の、ひいては近世社会の、文化への理解や懐の深さを感じさせられる。

「民生日用」

益軒は膨大な著作を残した。「通計百五種」（竹田春庵編「篤信編輯著述目録」）、一〇五タイトル、巻数にすれば数百巻になるだろう。量が多いだけではない。カバーする領域の広さでも類を見ない。経学（儒学）、地誌、紀行、本草、養生、啓蒙的教訓、字書・事典類、礼法書など、あらゆるジャンルに及んでいる（表1参照）。

表1　貝原益軒著作一覧
(総計百余部．カッコ内は執筆年齢)

経学・儒学	近思録備考 14 巻(39 歳)，小学句読備考 6 巻(40 歳)，初学知要 3 巻(68 歳)，自娯集 7 巻(83 歳)，慎思録 6 巻(85 歳)，大疑録 2 巻(85 歳)
歴史・資料	黒田家譜 15 巻(42-49 歳)，黒田家臣伝 3 巻(62 歳)，筑前国諸社縁起 1 巻，朝野雑載 15 巻
地理・地誌・紀行等	筑前国続風土記 30 巻(59-81 歳)，筑前名寄 2 巻(62 歳)，京城勝覧 1 巻，和州巡覧記 1 巻(66 歳)，諸州巡覧記 5 巻(84 歳)，扶桑記勝 8 巻
本草学	大和本草 16 巻(79 歳)，花譜 3 巻(65 歳)，菜譜 3 巻(75 歳)
教訓類 (益軒十訓)	君子訓 3 巻(74 歳)，大和俗訓 8 巻(79 歳)，和俗童子訓 5 巻(81 歳)，楽訓 3 巻(81 歳)，五常訓 5 巻(82 歳)，家道訓 6 巻(82 歳)，養生訓 8 巻(84 歳)，初学訓 5 巻，文訓 4 巻，武訓 4 巻，神祇訓 1 巻，家訓 1 巻(58 歳)
事典類	日本釈名 3 巻(70 歳，言語名称起源)，点例 1 巻(74 歳，訓点句読の法則)，和字解 1 巻(70 歳，仮名遣いの法則)，書礼口訣 3 巻・食礼口訣 1 巻・茶礼口訣 1 巻(併せて三礼口訣，70，76 歳)，和漢古諺 2 巻(78 歳)，和爾雅 8 巻(好古編，字書)
その他	益軒先生与宰臣書 1 巻，克明抄 1 巻(53 歳，政治意見)，頤生輯要 5 巻(52 歳，養生関係記事抜書)，日本歳時記 7 巻(58 歳，好古編)，万宝鄙事記 8 巻(76 歳，日常便利記事など)

「天地の中に生る、乃ち宇宙内の事は皆吾が儒の心知分内の事、亦た知らざるべからず」（『自娯集』「為学論」）。天地万物のすべてが学問の対象である、儒者である限り、そのあらゆることを知らなければならない――これが、益軒の儒者の定義であり、また朱子学の「格物窮理」の基本にある考え方である。事物に内在する「理」、つまりその物の固有の本性をひとつひとつ探究していけば、ある段階ですべてを貫く普遍的真理（「天理」）に到達できるという学問の方法である（第二章）。ただし益軒は、「天理」が実体として存在するという朱子の説には、懐疑的であった。ちなみに、深い思索をめざす朱子学のもう一つの方法、「居敬」（「持敬静坐」）には、益軒はあまり関心を示していない。「居敬」に入れ込んだ山崎闇斎とは、よほど異なるタイプの朱子学者だったのである。

益軒は、膨大な著作のわりには、儒者本来の経学の著作が少ない、むしろないに近い（表1「経学・儒学」の項参照）。それが、益軒が同時代の儒者に軽んじられたおもな理由であった。たとえば主著と目される『慎思録』は、ランダムに記したノートの類で、体系性はない。朱子学批判の書として注目を集めてきた『大疑録』全二巻は、もともと『慎思録』続編の意味で『慎思外録』と名付けられ、体裁も『慎思録』と変わらず、もとより出版する意図もなかった。実際、それが出版されたのは益軒没後半世紀もたってからである。『自娯集』全七巻もやはり、雑多なテーマについて論じた短い論説一七九篇（漢文）を集めたいわば論文集である。経書注釈の体裁をとった唯一の著作に『大学説』があるが、『大学』自体が初学者のために学問の目的や段階を記した経書である。しかも『大学説』はわずか三四丁の短い自筆稿本として残るのみで、『慎思録』巻七に収載されている。益軒に出版する意図があったという形跡はみられない。

初期の漢文著作に『近思録備考』全一四巻と『小学句読備考』全六巻がある。両書は『近思録』および『小学』に関するおもな注釈類を集め、それに益軒の短いコメントを加えたもの。『近思録』『小学』がともに朱子学入門書であることから、これらも初学者向けの学習参考書としての出版であり、独創性を競うものではなかった。

仁斎や徂徠は、朱子らの偉大な先行注釈書と格闘して、仁斎は『論語古義』『孟子古義』、徂徠は『論語徴』の注釈書を著した。いずれも、経学を通して自己の学を創出した思想革新の著作であった。それらと比べたとき、益軒の知の世界はずいぶん貧相に見える。

益軒自身、経学における自らの功の乏しさは十分に自覚していた。たとえばこんなふうにいう。経学は程朱(程明道・程伊川兄弟や朱子)らの偉大な先人の書に依拠すれば十分であり、無能な自分の任ではない。子どもの学習の助けとなり、庶民の生活に役に立つ「民生日用《みんせいにちよう》」の書を、平明な和文で著すことが、私の任である。たとえそれが「方技の小道」や「術の学」、つまり瑣末な技術の類に過ぎないと、(江村北海がそう述べたように)他の儒者から侮りを受けたとしても構わない。それこそが「わが志たるすぢ」(『大和俗訓』自序)、自分のかねてからの志なのだからと、益軒はむしろ自負心をもって昂然と語っている(『慎思録』「自己篇」)。

2 「天地につかえる」思想

「事天地」の説

益軒は己の学の足場を、経学ではなく「民生日用」に置いた。益軒のこの確信は、何に由来するのだろうか。それを一言でいえば「事天地」(天地につかえる)という思想であった。

益軒は、儒学の教えを和文で説いた『大和俗訓』を、「天地につかえる」思想から書き起こしている。まず「天地は万物の父母、人は万物の霊」という『書経』の語を次のように解釈する。いのちあるすべてのもの(万物)は、天と地のはたらきによって生み出されている。だから「天地」は万物の「大父母」(偉大なる父母)にほかならない。ただそのうち人だけが「天地の正気」、天地から純粋で良質な気を稟《う》け与えられた存在であり、そのぶん、心が特別にすぐれており、「五常の性」すなわち仁義礼智信の道徳性をそなえて生まれついている。だから人は、鳥獣虫魚草木あらゆる生き物＝「万物」のうちで最も優越した存在にほかならない。加えて、人は天と地の間に身を置き、天地が生みだした万物を食することで養われている。だから人は、限りなく「天地の恩」を享受している。

人として生まれついたこと自体に「天地の恩」を自覚させる論理が、ここには組みこまれている。要するに人としての自覚を、「天地」と「万物」(今の言葉で言えば大自然)に対する関係性において、呼び覚ましている。ここにおいて、「人の道」(道徳)は天地に対する「報恩」と意味づけられる。以上が「事天地」の意味である。私たち人間は、天地のおかげで生まれ養われている。この大きな恩に応える生き方が、正しい人の道だ、というのである。

では、「天地につかえる」には、実際にはどうすればよいのか。それは、生命を生みだす大自然の「生々の心」に随うこと。具体的には「仁」の徳を実践することである。仁を実践する内容にも大きく二つある。第一は「人倫を愛する」こと。つまり「五倫五常」に随って、君臣・父子・夫婦・兄弟・朋友の五つの人間の関係(五倫)において、正しくふるまうことである。第二は「物を愛する」ことである。「物」とは、自然界の命ある生き物すべて、要するに禽獣虫魚草木の総称である。それを、「礼」にかなった方法で適切に用いること。たとえば、鳥獣虫魚の乱獲は「礼」にかなわず、熟さない果実を採ることも「時」を失したことになる。

ここで注目すべきは、人倫世界だけでなく、自然世界も含めて学問をとらえていることである。〈天地—人—万物〉の三者のつながりのなかで、人間としての生き方を考える。ここに益軒儒学独自の特質がある。「天地の道」を規範として、われわれは他者(人)と自然界(万物)にいかに正しく関わって生きていくのか——それが、益軒の根本にある「問い」であった。

ちなみに江戸前期の儒者で、自然界までも探究の対象とした儒者は、ほかには見当たらない。益軒と交流のあった中村惕斎編の『訓蒙図彙《きんもうずい》』(天文・地理・動植物一四八四の絵に、和名・漢名と簡単な説明を付した百科事典の類)は数少ない例外かもしれないが、同書は人の生き方より「物」そのものに関心があった。大儒とされる中江藤樹も熊沢蕃山も闇斎・仁斎・徂徠も、学の対象は人間世界に限られていた。朱子学は、原理的には自然界も含めた「格物窮理」を唱えたものの、結局は人倫に問題を回帰させる論理構成となっていた。これに対して益軒は、朱子学の論理に即しつつ、「万物」の窮理をそれ自体として愚直に追い求め、そのうえで「万物」を、人との関わりのなかに意味づけた。「天地につかえる」説はその論理化であった。

「民生日用」と「術」の学

益軒の「民生日用」というキーワードから連想されるのは、伊藤仁斎の「人倫日用」であろう(第三章)。しかし、「民生」と「人倫」のちがいは小さくない。現に二人は京都で直に会う機会があった。が、「道契《あ》わずして別れ」たという(伊藤東涯『紹述先生文集』)。人間どうしの関係性(人倫)か、生活上の実用性(民生)か、進む方向のちがいを互いが確認しあった象徴的事実である。その反面、難解な朱子学に対抗して、儒学を「日用」の視点からとらえる点で、ふたりは共通性を認めあったにちがいない。先に触れた浅見絅斎も含めて、こうした儒学が、元禄前後の上方社会で展開されたのは、偶然ではないだろう。少なくとも上方では、政治よりも日常の次元で、儒学が意味を持ち始めていたのである。

では、益軒の「民生日用」というのは実際にはどういうことか。益軒によれば、たとえ文章が麗しい名文であっても、人々の生活に役立たなければ「無用の書」である。逆に瑣末な知識や技術の類でも、実際に有用であるなら、たとえ「ぬかみそひしほ」の作り方の本であっても「有益の書」であるという(『文訓』)。生活に有益であるか否かが、「民生日用」の基準であった。益軒は、どこまでも生活に役立つ著作の執筆を、己の任務と考えていたのである。

他者(人)と万物(自然)にいかに正しく関わっていくか、その正しい関わり方を具体的に明示することが、かれにとっての「有用」であり「民用」であった。その場合、人に対する正しい関わり方が「礼」、万物に対する正しい関わり方(扱い方)が「術」である。「礼」は儒者ならだれもが重視するが、「術」を重視する儒者は珍しい。

「天下の事、法術有らざる無し」、世の中のすべてのことにはのっとるべき「術」があるという。農業・機織・大工・医療・料理など、「術」をともなわないものはない。益軒からみれば、儒学とて例外ではない。儒学は、人格を磨き、その徳によって政治を担う大きな「修己治人の法術」なのだから、「儒術」だという(『自娯集』「長生有術論」)。そして「術」は、生まれつきではなく、学ばなければ得られない。こう考えるからこそ益軒は、人々が学ぶための「術」の著作に、意欲をもって執筆に努めた。

ここには学問観の転回が認められよう。朱子学では、人格的に完成された為政者の徳による「徳治」を政治の理想とした。そのため動機の純粋性が重んじられ、術策的要素は排された。功利主義への警戒からである。ちなみに、益軒より三六歳若い徂徠も、儒学は、天下を治める聖人の「大道術」だと言い切り、自ら「学んで寧ろ諸子百家曲芸の士となるも、道学先生たることを願はず」(『学則』)と宣言した。道徳言説を振り回す「道学先生」になるくらいなら、むしろこまごました技術に通じた職人か専門家の方がましだ、というのである。五経のなかに「先王の道」たる「物」を見いだした徂徠は、「術」を重視する益軒の学問観の系譜の延長線上に、たしかにあった(第三章)。

益軒は大部な地誌『筑前国続風土記』を、現地調査をもとにまとめ上げた。それは、福岡藩内各地の風土や物産などの事実やデータを書き上げた一種の資料集である。いまの国勢調査に類する政治の基礎資料で、藩政に有用な「窮理」の書といってよい。また『京城勝覧』はじめ多くの紀行文を出版したが、それらは便利な旅行案内に類する実用的な「術」の書となっている。他の事典や辞書の類(『万宝鄙事記』『日本釈名』『和爾雅』『日本歳時記』など)も、実用的情報が盛り込まれており、その意味でやはり「術」の書であった。

「術」を知り万物に正しく関わるためには、個々の「物」の「性」(本性)を知らなければならない。たとえば、農作物の栽培にはその作物の特性を知る必要がある。「一木一草の微細の事」まで「其の理」を知り、よき時節をはかり土壌や湿気、日当たりなどの環境を選ぶことが農耕の基本である(『大学説』)。『大和本草』は日本の本草学を確立させた大著であるが、それは「一木一草の理」を解明した書であり、さらに益軒は、この「万物の理」を知る学のことを「物理の学」とよんだ(『大和本草』自序)。日本における「物理学」の語の初出は、益軒であった。

「礼」という身体技法

「礼」はもとより、儒者のだれもが重視する人の規範である。それについて益軒がどう考えていたかを、先の「術」との関わりにおいて、検討しておこう。

> 礼は天地のつねにして、人の則也。即ち人の作法をいへり。礼なければ、人間の作法にあらず。禽獣に同じ。故に幼より、礼をつつしみて守るべし。人のわざ、事ごとに皆礼あり。よろづの事、礼あればすぢめよくして行はれやすく、心も亦さだまりてやすし。
>
> (『和俗童子訓』)

「礼」とは「人の則」「作法」のこと。だから、上述の五倫のほか、「飲食言語立居ふるまひの法」を、幼児のころより学ばせよと説く。なかでも「飲食の礼」(食事の作法)や書状を認める際の「書礼」がとりわけ重要だという(『文訓』)。要するに人間の関係性における規範的な振舞いや身体的な技法が、「礼」の語で語られている。しかも「礼」は、「天地のつね」つまり普遍的な天地自然の「理」が、目に見える形で示されたものだという。

「礼」に関しては、「書礼」「食礼」「茶礼」に関する『三礼口訣』という著作がある。書礼は手紙のやりとりも含めて、文字を書く際の約束事がこまごまと書かれ、三巻一二条三一九項目にも及んでいる。多くは手習塾で学ぶことがらであった(第一章)。食礼は「礼は飲食にはじまる」と書き出され、箸の上げ下ろしなども含めたこまごました食事作法がえんえんと書きつがれている。茶礼は茶道で確立しているから、言うまでもないだろう。

「礼」は日々の規範的な所作であるが、他方で、こうした「礼」に従うことによって「心も亦さだまりてやすし」というのが注目される。身体技法が人の心の在り方まで規定するという認識である。とすれば、益軒の文脈からすれば、「礼」とは道徳を修めるための「術」であるとさえいってよいだろう。

「益軒十訓」と後に総称される一連の和文著作がある(表1参照)。これらは従来は道徳的教訓書と理解されてきたが、むしろ「術」の観点からとらえた方が、益軒の意図に近いのではないだろうか。たとえば、いまも読み継がれる『養生訓』は長生きの方法の書である。『和俗童子訓』は、「総論上」「総論下」「随年教法・読書法」「手習法」「教女子法」の五巻構成。「総論」を除けば、いずれも子どもの教育法が具体的に記されている。また『楽訓』は「楽とは何か」といった原理的なことよりも、人生を楽しむために何をすればよいのか、その具体的な方法が記述の大半を占めている。『大和俗訓』にしても、「為学(上・下)」「心術(上・下)」「衣服・言語」「躬行(上・下)」「応接」の八巻構成であるが、「衣服」以降の巻は、他者との交際のための具体的な技法が記されている。やはり、道徳実践のための具体的方法の書で、益軒の語を使えば「心術」の書(心を修めるための術の書)にほかならない。他の著作もおおむねこのようである。

以上、益軒は「礼」と「術」および「物理」の書を量産した。そしてその共通分母をなしていたのが「民生日用」であり、また「事天地」の思想であった。たしかに益軒には、鮮烈なインパクトをもたらす思想的革新性があったわけではない。しかし日常生活の視点から「民生日用」の実用書を量産した。そこに益軒の学の拠り所があり、多数の読者を獲得した理由もあった。闇斎・仁斎・徂徠とは異なった次元で儒学を展開してみせた儒者、それが益軒であった。

では、なぜこうした儒者が登場してきたのだろうか。それが次に問われなければならない。

3　益軒本の読者

益軒本

一八世紀、出版文化が浸透していくにつれて、書物を蓄えた「蔵書の家」があちこちに現れた。近年進められている蔵書の調査研究によると、近世の蔵書にはたいてい一連の益軒の和文著作群が含まれており、しかもそれらを一括りに分類する意識が、当時からあったという。研究者のあいだで、これを「益軒本」と総称している（横田冬彦『日本近世書物文化史の研究』）。

仁斎がそうであったように、儒者は必ずしも自著出版を志向する者ばかりではなかったが、益軒は出版を目的に執筆した。儒者以外では、たとえば仮名草子を量産した浅井《あさい》了意《りょうい》もいたが、儒者としては益軒が最初のひとりであっただろう。ちなみに益軒は、『訓蒙図彙』の中村惕斎や『異称日本伝』の松下見林、『雍州府志《ようしゅうふし》』を編んだ黒川道祐らと親しかった（前掲「旧識」参照）。いずれも京都在住の知識人で、かれらの著作活動も出版と深くつながっていた。益軒は、かれらのスタイルを参考にしたにちがいない。もしそうであるなら、出版による儒者の学問発信の在り方は、京都の文人たちから始まったといってよい。

ただし、益軒は最初から「民生日用」の実用書を志していたわけではない。先にふれたように、はじめは初学者向けの朱子学の学習書編纂をめざしていた。泰平の時代のなか、学問への需要が高まるのを感じ取ったのであろう。『近思録備考』や『小学句読備考』にその意図がみてとれた。やがて、明代四書学の主な注疏類を抜き出した学習書の出版を企てた。これも儒学を志す若者向けの、朱子学入門書である。

まずは『大学』を学ぶための「大学集要」(後に「大学新疏」と改題)の編纂を企て、その出版の交渉を、京都や大坂の書肆と長年、粘り強く続けた。しかしその甲斐なく、元禄一二年(一六九九)段階で断念を余儀なくされた。入門書とはいえ、それは漢文の著作であり、和文の解説もつけられていなかった。書肆の側から、商業ベースの採算には耐えられないと判断されたのだろう。かれはこの挫折体験を経ることで、和文実用書の執筆に転じた。版元も京都の茨木屋柳枝軒(太左衛門)に定まっていた。柳枝軒というのは、水戸藩とも関わりの深い京都屈指の出版書肆であった。

この方針転換は成功し、多くの読者の支持を得た。確認できるだけでも、『和俗童子訓』五版、『大和俗訓』『家道訓』ともに四版、『養生訓』にいたっては数知れず、といった状態である。まさに時を超え、版を重ねたロングセラー、「益軒本」の誕生である。

読者にとっての益軒本

では、益軒本の読者はだれだったのか。読者研究は、鈴木俊幸や横田冬彦らによって開拓されつつあるが（鈴木『江戸の読書熱』『近世読者とその行方』、横田『日本近世書物文化史の研究』）、方法上の困難さもあり、まだこれからのテーマである。この点、益軒は、たとえば『和俗童子訓』自序に、師匠もいない田舎の子どもたちが独習する便宜になるように、平明な仮名で書いた、と述べている。執筆者益軒の側からは、漢文には手が届かないが、学ぶ意欲のある識字読者層とその子どもたちを想定読者としていたことがわかる。

いっぽう読者の側からは、益軒本はどのように見えただろうか。何よりも役に立つ本であったろう。たとえば道徳書とされる『大和俗訓』にしても、徳目について抽象的な原理や精神論が説かれているわけではない。たとえばこんなふうである。

衣服は身のおもてなり……衣服をもつつしみて、身に相応せる正しきをえらび用ふべし。相応せざるは、正しからざるなり。相応とは年と位と時と処とに似合ひたるを云ふ。染色絵様、わかき人も、其の年のほどよりは、すこしくすみて老いらかなるは、人の目にたたずして宜し。（「衣服」）

人あやまちありて、もしいさむべき人ならば、目前にてそのあやまちをいさめ、かげにてはその過をいふべからず。（「言語」）

人にまじはるに、おくり物を以てするはなんぞや。是れ心の愛敬を外にあらはし行う礼なり。……されど、貧しき者は、貨財を以て礼とせず。ちからに及ばざる送〔ママ〕物を、つとめて行ふにはあらず。（「応接」）

お説教じみた道徳教訓ではない。衣服の善し悪し、相手に対する言葉遣いや他者への贈答についての注意（贈答は大事、だが無理な贈答は否定）など、「礼」にかなった他者への接し方が、具体的かつ実践的に書かれている。その意味では、道徳実践術の書といってよい。

その教えに従えば、今日から、だれでも、すぐに道徳的に生きられる。ある種のマニュアル本に近い。これを読者民衆の側からみれば、益軒本は、聖人の教えを根拠にして、儒者益軒がわかりやすく翻訳して著した〈学問の書〉であったにちがいない。書かれたことを実践すれば、儒学の教えに従って日々正しく生きていけるようなものであった。読者にとって、こんな重宝な書はほかになかったのではあるまいか。

読書する民衆

儒学が漢文による限り、大多数の庶民には縁遠い。しかし益軒本は、日常の読み書きさえできれば、だれでもがたやすく読める〈学問の書〉であった。第一章でふれたように、近世人は自らの生の拠り所を、宗教よりも学問に求める傾向にあった。近世はどこまでも「世俗の時代」である。一方に、漢文に親しむ少数の知識人層があり、他方に、手習塾で文字リテラシーを身につけた圧倒的多数の民衆たちがいる。そしてその中間に、漢文習得にはいたらないまでも、益軒本などの和文の本で教養をたくわえた文化的中間層が存在していた。それが、第一章で述べた「読書する民衆」である。かれらこそ、近世の学問を、すそ野のところでしっかりと支えていた人びとであった。

このように、益軒本の読者は学問への志向をある程度持っていた。その点で、西鶴本などの娯楽的読者層とは同一視できないものがある。かれらは、実用的な「読み・書き・そろばん」の域を超えて、なかば知的な読書に向かっていた。「教養としての読書」といってもよい。かれらはまた、俳諧や能楽などの諸芸にも親しむ民衆世界の〈教養人〉でもあり、さらに地域内あるいは地域を越えた文化的ネットワークにつながってもいた。その教養は、地域社会の政治的地位や生業の維持にも関わる文化資本であった。地域の指導者層であるためには、周りの多数と差異化できる文化資本が必要であった。第一章でふれた『河内屋可正旧記』を書き残した河内の庄屋・壺井可正は、こうした地方の文化的中間層の典型例であった。

益軒は、「読書する民衆」の学問への需要を感じ取り、それに積極的に応えた。そのための手段が出版メディアであった。これを反転して考えてみれば、益軒本の量産が「読書する民衆」をさらに創出することに貢献したにちがいない。「役に立ち、ためになる」という益軒本を目の前にして、それを読みたいと願う人たちの需要を新たに掘り起こしたと想定できる。

益軒自身、幼少時に就くべき師匠はおらず、日用的な和文の書物をひとりで読んで教養を身につけていたということを、もう一度思い起こしてほしい。長じて京都で学ぶうち、次第に勢いを増してきた上方の商業出版が、民衆のための新たな「知のメディア」であると、益軒の眼には映っただろう。元禄期はあたかも、西鶴の浮世草子が数千部も出版された時代である。本を読む人口が増え、出版が商売として十分に成り立つ時代になった。そのメディアの可能性を自覚して、益軒の旺盛な著作執筆の活動が始まったということになる。

本を読んで勉強し、必要な知識を得て教養を身につける。思えば、今のわれわれにおなじみの学びの風景が、このころすでにみられ始めたことになる。それは、三〇〇年あまり前のことである。

読者とメディア

届ける相手によって、伝える「知のメディア」は異なってくる。くどいようだが、本書のここまでの議論を振り返ってみよう。闇斎は、口語の語り(講釈)で伝えることにこだわったが、それは一方通行的なものであった。仁斎は、門人たちとの共同の学びの場をつくり、経書の会読や討論を通じて「道」を伝え、その成果を注釈書の形で表現した。徂徠も、漢文の知の世界を、書物を通じて上層武士層に伝えようとし、早くから出版を活用した。

これに対して益軒は、「民生日用」に有用な学問を、平明な和文の出版書を通じて、識字民衆層に届けようとした。そのために、読者に受容されやすい文体を選択した、いや新たに文体を創出したといってよいかもしれない。ちなみに明治初年、初めて聖書を和文に翻訳するにあたって、わかりやすくしかし通俗的になりすぎない格調を保つ文体を、キリスト者は探していた。その結果、益軒の和文がモデルにされたという。そのため当時の宣教師たちは、益軒本をよく読んだとも伝えられている（井上忠『貝原益軒』）。

益軒は執筆にあたり、自らが想定する読者を念頭に、かれらに届くよう文体を練ったにちがいない。たとえば先に引用した文章（一二五、一三〇頁）のように、センテンスは短い。このため、文脈が論理的で明晰になり、かつリズミカルで、ある種のふくらみも感じさせる。つまりは読みやすくわかりやすい。ただし決して文学的な情緒性は感じさせない。その意味では、情よりも理に傾いた文でもあった。

ちなみに益軒は、儒者のわりに漢詩文の創作には熱心ではなかった。残された作品は、漢詩より和歌の方が多い。かれ自身、詩文は過去の先人たちの名文名詩を読んで鑑賞すればそれで十分だと述べている。文才の乏しさを自覚していたのであろう。

「民生日用」を学問の第一に置く益軒の知の特質が、出版を積極的に活用するメディア戦略につながった。そして、本で学び読書で教養を身につける文化的中間層の分厚い存在が、益軒のメディア戦略を成功に導いた。益軒以後、実用書の出版はますます増加していった。近世における「蔵書の家」の出現は、益軒のメディア戦略と無関係ではなかったといってよいだろう。

第五章

石田梅岩と石門心学
――声の復権

石田梅岩肖像（心学明誠舎蔵）

メディア革命のなかで

一七世紀日本に「メディア革命」が始まり、新たなメディアとして出版が登場してきた(第一章)。元禄~享保期(一八世紀前期)に活動した貝原益軒や荻生徂徠は、出版メディアを積極的に活用して発信した。とりわけ益軒は、初めから出版をめざして、平明な和文体に工夫を凝らして執筆した。その結果、今に通じる読書の風景が始まった(第四章)。

中世までは、知を伝えるメディアの主役は「語り」であった。文字を介した写本は、ごく少数者のためのもの。「語り」は声や身体による表演である。仏教僧の談義説法や市中のもの読み講釈も、〈演じる語りのメディア〉であった。では、文字と出版を主役の座に押し上げた「メディア革命」は、それまでの語りのメディアを、一挙にわき役に追いやったのだろうか。ことはそう単純ではなかった。

「読書する民衆」はたしかに増えていった。しかしそのこと自体がひとつの刺戟となって、文字と出版に対抗する新たな動きがあったことに注目したい。享保期の石田梅岩の登場と、続く石門心学《せきもんしんがく》の普及は、そうした事態を象徴している。本章では、石田梅岩と石門心学を例に、

「声と身体のメディア」復権の様相を考えてみる。

1　石田梅岩の学び

梅岩の志

石田梅岩(一六八五―一七四四)は、社会が相対的に安定期を迎えた一七世紀後半、丹波国桑田《くわだ》郡東懸《とうげ》村(現・京都府亀岡市郊外)の山あいの中農の次男に生まれた。次男に相続される田畑はない。だから一一歳で京都の商家に丁稚奉公に出た。その後、奉公先の都合で実家に戻り、一時農業を手伝っていたが、二三歳のとき、京都の呉服商黒柳家に再度の奉公に出た。ここで仕事に励み、番頭を任されるまでになった。およそ二〇年間、梅岩は呉服商の雇われ奉公人として生きたのである。

梅岩は奉公のかたわら、かねてから神道を修め、鈴をふり、町々を廻ってでも、「人の道」を説き広めたいという熱い志をいだいていた(『石田先生事蹟』)。梅岩の尋常ならざるこの志がどこから生まれたのか、定かではない。かれは「人の人たる道」を求めて、寸暇を惜しんで勉学にいそしんだ。そこに、意志堅固で生真面目な求道者然とした姿がイメージされる。

梅岩の時代、京都は勉学するには良い条件がそろっていた。町全体に学問塾が軒を連ねており、全国から学生たちが集まっていた(第一章)。またこの「学生のまち・京都」には、学問や教養に価値を認め、学びを尊重する気風が、おそらくどこよりも強かった。現に奉公先の老母は、梅岩の勉学に深い理解を示していたという。老母の理解がなければ、梅岩の勉学の継続はむずかしかったのではあるまいか。山あいの農村から出てきた「うまれつき理屈者」だった梅岩は、そうした気風と文化のなかで、志をもって勉学に励んだ。

梅岩の学び

梅岩はどのように学んだのか。丁稚あがりの奉公人に、特定の師匠に入門して学ぶ自由はなかった。だから素読や講釈などの正統的な儒学学習の機会はなく、梅岩の学びは独学自習でしかなかった。では、どのように独習したのだろうか。

まずは書物を読むことであった。ただ、和刻本によって廉価になったとはいえ、一介の奉公人が本を入手することがどの程度可能であったのか。簡単ではなかったにちがいない。奉公先の理解ある老母の助けもあったかもしれない。当時普及してきた貸本屋も利用しただろう。益軒が想定していた「読書する民衆」の姿が、梅岩に重なって見えてくる。

「益軒本」の量産は、益軒が七〇歳(一七〇一年)を過ぎてから没年(一七一四年)までの一〇年余り。いっぽう、梅岩の学が花開くのは、梅岩四〇代、つまり一七二〇—一七三〇年代であった。とすれば、梅岩の修学期間に、益軒本は十分に流通していたことになる。

懐に本をしのばせ、仕事の合間、顧客を待つすきまの時間などに、それを開く。四書五経も、そのようにして読んだのだろう。しかし素読の学びを経ていないから、漢文を原文で自在に読むことはできなかった。かれ自身「四書五経にさへ、仮名して読来れり」と認めている（『斉家論』）。また、後述のように享保四年（一七二九）に開講した当時も、「四書ノ素読モセザル（無学の）者」と世間からあざけりを受けた（『都鄙問答』）。四書の素読経験もないまま、せいぜい訓点付きの和刻本で読んでいた程度であったろう。たとえば第一章でふれた中村惕斎『四書示蒙句解』（一七〇一年序、一七一九年刊）くらいは読んだであろうが、毛利貞斎『四書集註俚諺鈔』（一七一五年刊）を読みこなすのはむずかしかったにちがいない。

梅岩の主著『都鄙問答』には、『孝経』『小学』、四書五経、『近思録』など、朱子学系の漢籍からの引用が多くみられる。そのほかにも老荘や仏教書、さらに『徒然草』や『日本書紀』などの日本の古典類の名も見える。それらはいずれも、一七世紀の商業出版の登場によって比較的手軽に読めるようになった本である。

ただし、かれの読み方は、四書五経に対する先行の注釈を踏まえていない。学問的文脈や専門儒者の常識を無視し、注釈にとらわれず自己流に解釈し、「我心」にもとづく主観的な読みとなっていた。その結果、自らがいだく問いや自身の体験にひきよせた解釈に傾斜していくことになる。いわゆる断章取義《だんしょうしゅぎ》である。梅岩には、何よりも商人として生きてきた実体験があった。その中でさまざまな問題に出会い、強い問題意識が醸成されたにちがいない。開講時に、梅岩は「異端ノ流レ」「儒者ニテハ無シ」とみなされ(『都鄙問答』)、「あの学問にて講釈するは、笑ふにたらず」(『斉家論』)などと、儒者たちから軽侮をまねいたが、それも無理からぬところであった。

梅岩の学問の契機は、読書以上に「耳学問」であった。この点が重要である。かれが京都で働き始めた時期は、町じゅういたるところに塾があり、さまざまな教えの場があった。「我何方ヲ師家トモ定メズ」、特定の師匠もなく、「一年或ハ半季聞巡ル」、あちこちの講釈を断続的に聴きめぐっていた(『都鄙問答』)。だから体系的な学びにはならない。しかも、語られる講釈を耳で聴く学び方である。文字化されない声は、聴いたその場で消えてゆく。文字に定着しないぶん、聴講者の問題意識に即した主観的な理解に傾きがちとなる。ここでも断章取義に近い理解におちいることは避けられない。

要するに梅岩の学びのメディアは、「文字」以上に「声」であった。そして自らの体験や問いに即して主観的で、そのぶんよほど自由な理解となった。既存の学にとらわれることがなかったところに、梅岩の学びの特徴があった。

2　開悟からの語り出し

開悟体験

こうした独自の学びによって「人の道」を求めてきた梅岩は、享保一二年(一七二七)、心服できる師に出会った。小栗了雲《おぐりりょううん》である。学問を深くきわめ、仏教や老荘の学にも通じた隠遁の学者であったという(『石田先生事蹟』附録)。了雲師のもと、「心」を知る工夫に努めた。

ある日、故郷に戻って老母を看病するなか、梅岩は「性は是天地万物の親」(『石田先生事蹟』)だと「忽然として」悟った。この時、人の道は「孝悌忠信」で、それ以外にはないと悟り、「二〇年来ノ疑」が解けたという。さらにこの悟りは、「文字ノスル所ニアラズ。修行ノスル所」(『都鄙問答』)、つまり書物を読んでわかったのではなく、自力で努めた「修行」の結果であると強調している。この点に注目したい。

人の道が「孝悌忠信」の道徳だということは、学ぶ前からだれもが知っていることだったはず。それをあらためて「悟った」というのは、いったいどういうことなのか。魚が水を泳ぎ鳥が空を飛ぶ(『都鄙問答』に引く『詩経』の一節)といったような、しごくあたりまえのことと同じレベルで、リアリティを以て認識した、ということなのだろう。「道」に開悟した体験的な認識であった。

この開悟体験の喜びを勇躍、師に報告した。が、意外にも、了雲師はそれにダメ出しをした。「親と見たる所の目」がまだ残っている。ほんらい「性は目なし」なのだと諭された（『石田先生事蹟』）。「目なし」とは『首楞厳経《しゅりょうごんきょう》』（悟りへの端的な方法を説き、禅で重視された仏典）に由来する。当時比較的多くの人に知られていたらしい（柴田実「石門心学について」）。「性は天地万物の親」だと頭でわかっただけでは不十分で、そう認識する主体（自己）へのこだわりそのものから自由になることを、師は指摘したのである。

日夜寝食を忘れて修養することさらに一年半、学び疲れ夢うつつの夜明け、雀の啼き声とともに「腹中は大海の静々たるごとく、また晴天の如し。其雀の啼ける声は、大海の静々たるに、鵜が水を分けて入るがごとくに覚えて、それより自性見識《じしょうけんしき》の見を離れ」たという（『石田先生事蹟』）。この一文はほぼ意味不明である。禅問答に近い。理屈や理論ではない。実際に身をもってした体験であるという点に、限りない重みがあるのだろう。言葉で表現できない宗教的体験といってもよい。この時、梅岩は真の開悟に達したのだという。少なくともかれは（了雲師も）そう確信した。朱子学に即していえば「〔道に〕豁然《かつぜん》貫通」（『大学』伝第五章）したのである。

『都鄙問答』に、「〔「学問ノ至極」とは〕心ヲ尽シ性ヲ知リ、性ヲ知レバ天ヲ知ル。天ヲ知レバ、天即孔孟ノ心ナリ」と述べ、さらに「心ヲ知ルトキハ天理ハ其中ニ備ル」という。つまり「心」

を突き詰めて「性」(人の本質)を認識すれば、「天」の普遍的真理がわかる。それは、孔子・孟子の心と変わるものではないという。「心」⇒「性」⇒「天」と連続する回路を通じて、わが「心」は「天」と一体化できる。「天」に一体化したわが「心」は「天理」そのもの。天地宇宙と一体となった自己の「溶解体験」と言ってもよい。開悟に達したわが「心」は、「天」にひとしい絶対の権威をおびてくる。ここにおいて梅岩は、「聖人」の境位に達したことになる。あからさまにそうは言わないが、かれの論理をたどれば、梅岩は聖人となったということになる。

開悟体験を拠り所に

梅岩の「心」は天地と一体化して、聖人に変わらぬ「仁者」となった。とすれば、梅岩は、あらゆる物事に正しく自在に対応できる主体を確立したことになる。その確信をえて、京都市中の自宅で、念願の公開講釈を始めることができた。享保一四年(一七二九)、四五歳の時である。

世の儒者たちの講釈の立脚点は、自分が経書を正しく解釈し、「聖人の道」を理解したというところにある。だから一般に、講釈は、経書を口頭で解釈するスタイルをとる。聖人の書の権威が、儒者たちの拠り所であった。

その点、梅岩の講釈の拠り所は、かれ自身の開悟体験と、それによる己の心の特権性にあった。「道」(真理)は、経書ではなく、己の心の内にある。だから日常の口語で自在に語り出すことができた。「席銭」(聴講料)も求めず、通りがかりの「無縁の」人たちに向けて、講釈は開放された。梅岩は、もともと「辻立ち」してでも人に道を説きたいとの思いが「病となれり」(『石田先生事蹟』)というほどに、教化に入れ込んでいた。開悟体験は、それを実践できる地点に立ったことを意味している。

梅岩の開悟は、文字テキストの学習からではなく、身をもって積み上げてきた「体験知」である。このことで梅岩は、経書に拠る世の学者たちを手厳しく批判できる位置に立つことができた。

梅岩は自らの学を「学問」と称し、自らを「儒者」と称してはばからなかった。「学問」「儒者」という自己規定を、ことさらに強調していたふしさえみられる。そこには、書物によらず、「声」でこそ真の学問に達することができる、という強いメッセージが込められていた。現に、「心ヲ知ラズ」に書物を読む儒者のことを、「文字バカリヲ知ルハ、一芸ナルユヘニ文字芸者ト云」、あるいは「人ノ書物箱」ともいう。容赦ない言葉で、文字の学への対抗心を隠そうとしなかった(『都鄙問答』)。

文字への不信

梅岩には、文字および文字による学問への抜きがたい不信感があった。たとえば『都鄙問答』では次のようにも言う。そもそも「天地」が生まれ、万物が生みだされ（典拠は『易経』）、その後に、万物それぞれに「名」がつけられた。名づけは言葉による。その言葉を記す文字が作られたのは、もっと後のこと。つまり文字よりもはるか前に言葉があり、「名」よりも前に「天地」があった。文字は天地ができてから「数億万歳ノ後ニ」作られたものだから、文字で表現できるのは、天地生成の「万分ノ一」にも足りない。したがって、書物にこだわり「文字ニ泥《なず》ム」のは意味がない。そもそも「文字ハ事ヲ天下ニ通ス器」にすぎない。「うつわもの」にすぎない文字で、天地万物の活動や人の「道」を表現することなど、できようはずがないではないか。文字や書物に対する根源的な不信感を、こう述べている。

こうして、「儒者」梅岩が出現した。それは当時の学問への正面からの挑戦であり、反対に、世の儒者の側からすれば、衝撃的な「事件」であった。梅岩の開講とともに、梅岩批判が澎湃と起こってきたのも無理からぬことであった。

「声の復権」を誘引したもの

梅岩による「声の復権」は、文字や書物では届かない民衆が、当時なお多数存在していたこととかかわりがあっただろう。出版メディアの高まりで、識字民衆層の存在感が高まってきた。

それによって、文字世界から疎外された多数の非識字民衆層の存在も顕在化してきたにちがいない。「読書する民衆」の台頭を目の当たりにして、かれらも、間接的に知的な刺戟を受けないはずはないだろう。梅岩の新たな知の創出は、そうした非識字民衆層の願望に応えた事態とみてよいのではないか。

梅岩の出現が、仮に非識字民衆層の願望に応えるものであったとしても、梅岩自身がそれを自覚していたかどうかは、わからない。ただ、都に出てきた田舎育ちの梅岩には、そうした文化的動向を肌で感じる感性があったのではあるまいか。大きな歴史の眼で、メディアの視点を組み込んで考えれば、梅岩のような「儒者」が登場してきた文脈が、そのように見えてくる。

著作の出版と「学問」の意味転換

ここまでにも引用してきたが、梅岩には『都鄙問答』と『斉家論』の二著がある。主著とされる『都鄙問答』は元文三年(一七三八)、梅岩五四歳の時に編纂し、翌年に出版した。『斉家論』は、梅岩の倹約論への批判者の論点に応えて、倹約が実践の根本であることを説いた問答体の書で、出版は梅岩の死去の数カ月前、延享元年(一七四四)のことであった。繰り返すが、梅岩は書物を通した学びには否定的であった。その梅岩がなぜ自著を出版したのか。それは梅岩の〈知の語られかた〉に関わる重要な問題である。

この二著はともに、その成立経緯からして、実際に門人らの問いに答えた記録である。つまり書下ろしではない。ただその編纂にあたって、テーマの選択や文章の推敲を重ねた。『都鄙問答』にいたっては、門弟たちと城崎温泉で合宿するほどの念の入れようであった。採録する問答の項目を選び、字句も整え表現も慎重に検討したであろう。文体も口語体ではなく、書き言葉が選ばれており、実際の問答そのままではない。古典からの引用も少なくない。その限りでは著作といってもよい。しかしそれに先行して、門人たちと交わした会輔《かいほ》席での問答があったことはまちがいない。

現行の『石田梅岩全集』(一九九四年版)には、『石田先生語録』『石田梅岩先生遺稿答問集』も収載されている。いずれも、会輔席で門人たちと行った「策問」(主題的な課題)と「問答」(師弟間の応答)の膨大な記録を、門弟たちがまとめたものであり、もともと写本で伝わっていた。

ちなみに会輔席とは、開悟の境地をめざして、直門の弟子たちが梅岩の下で開いた「月次《つきなみ》会」のことである。一種の共同研究会で、ほぼ月に三度開かれていたからこの名がある。その内容は、日常に起こる事例に即した議論が中心で、決して哲学的議論をしているわけではない。判断に迷う具体的な問題に即して問答を繰り返し、正しい判断にたどりつく過程が記されている。

梅岩は、日々に出会う悩ましい難問への正しい判断やその理由を提示することが「学問」であると考えていた。真の学問をめざして口頭で交わした会輔席の議論の記録が、写本で流布した。それが門人たちに重視されたのは、梅岩との問答をそのテキストで追体験し、日々に生きる拠り所を求めたからであろう。とすれば、「語録」や「答問集」などは、不特定多数に向けた講釈のためというより、自ら修行しようとする門弟・道友たちの会輔用テキストか参考書として供されたものであっただろう。『都鄙問答』は、数知れず記録された問答のうちから、慎重に精選して文体も整えて、出版されたものであった。

文字や書物に懐疑的であった梅岩も、このように「語りのメディア」を補助するものとして、出版を活用していたのである。

3　石門心学の創出

梅岩の講釈

梅岩は享保一四年に京都市中で開講した。しかしその講釈は、あんがい難解で、聴衆も少なかった。梅岩が講釈で「常に説きたまひし書」は、「四書・孝経・小学・易経・詩経・太極図説・近思録・性理字義・老子・荘子・和論語・徒然草等」(『石田先生事蹟』)であったと伝えられている。『都鄙問答』にもこれらの引用が少なくない。ここに列記された書のうち、「四書」以下『性理字義』にいたるまでは、いずれも朱子学の基本テキストである。

しかしテキストを講釈するこのスタイルでは、かれ自身が批判してやまない世の儒者の講釈と変わるところがない。梅岩は、思想面では「文字の学」から自由になったが、講釈の方法上の革新には程遠かったといわねばならない。とすれば、無名の「儒者」梅岩が始めた怪しげな講釈など、好んで聴く聴衆がいたとは思えない。聴衆が門人一人かせいぜい数人ということも珍しくなかったという(同前)。

ただ開講の一二年後、寛保元年(一七四一)を境に、梅岩の講釈に変化があらわれた。経書の引用は冒頭の短い一節にとどめ、たとえば薪売り長五郎という「孝子」の実話を事例として物語り、その実話に重ねる形で日常生活上の教訓を説き、冒頭に提示した経書の一節の意味を理解させる。こうした方法上の工夫がなされたという(石川謙『石門心学史の研究』)。聴衆の日常生活に引き寄せ、自らのこととしてリアリティをもって共感を呼び起こす語りの始まりである。

こうした梅岩の努力と工夫によって、門人も徐々に増えていった。「性を知るもの男女老少二百余人」(「梅岩先生事蹟草稿」石川同前書)との記録がある。ただ逆にいえば、生前に梅岩に入門した「道友」の総数は、おおむねこの程度であったのだ。地域的にも、京都のほかには出講釈した大坂とその近郊にとどまっており、それ以上の広がりを示す記録は見あたらない。しかし梅岩以後のいわゆる「石門心学」は、これとは対照的に、全国的な広がりをもって普及していった。

後継者・手島堵庵

では、梅岩没後の石門心学は、梅岩の講釈と何がちがうのか。そのちがいが、石門心学を考えるカギである。

「辻立ち」しても道を説きたいというのが、梅岩の素志だった。が、その教えの広がりは限定的に終わった。師のこの意志を正面から受けとめ継承したのが、梅岩最晩年の弟子の手島堵《てしまと》庵《あん》である。

手島堵庵肖像（心学明誠舎蔵）

手島堵庵（一七一八―一七八六）は、もと京都の裕福な商人であった。一八歳で梅岩に入門して早くに開悟に達し、四〇代半ばで家業を息子の建（後の手島和庵《てしまわあん》）に譲り、梅岩の教えの普及に専念した。梅岩直門のうちでは最年少（梅岩没時、二七歳）、以後天明六年（一七八六）に没するまでの二十数年間、教説の普及に尽くす人生を送った。教化史からみれば堵庵の存在は絶大であった。

堵庵は、梅岩の難解な言葉遣いを言い換えた。たとえば「心学」という呼称である。梅岩は

自己の学を「学問」というのみで、「心学」と称したことはなかった。梅岩は、「性」を知り「心ヲ得ル」ことを強調していたが（『都鄙問答』）、堵庵は、難解な議論をともなう「性」の語を避け、「心」というなじみやすい言葉を使った。堵庵は安永八年（一七七九）の書簡で「心学」の語を使い始め、やがて「石田門の心学」との意を込めて「石門心学」の呼称が世間で通用するようになった。

石門心学の組織化

堵庵は石門心学普及のために、組織化を図った。まずは心学講舎を開設した。それは、道友らの心学修行のための施設（会輔席）であり、かつ民衆教化の拠点（講舎）であった。京都に、修《しゅう》正舎《せいしゃ》、時習舎《じしゅうしゃ》、明倫舎《めいりんしゃ》を相次いで設け（「京都三舎」、後に二舎増設）、やがて大坂に三舎、さらに江戸にも開設した。以後、各地に開設を進め、最盛期には全国で一八〇余りの心学講舎を数えるまでになった。

講舎が全国に拡大するにつれ、心学者が増加してくる。それに応じて、講舎とそこで講釈する心学者たちの組織化に着手した。上述の京都三舎を組織の頂点に位置付け、各地の講舎の許認可は、この三舎による連署（それを「三舎印鑑」という）の授与という形でなされた。それは、全国展開する石門心学の運動を、京都を中心に統制し、支配と従属の関係を作り出す仕組みであった。

教化の最前線に立つ心学者の養成と、その統制にも乗り出した。会輔席での修行を経て開悟に達した者は『石田先生門人譜』に登載され、「断書並口上」が授与される。「断書並口上」の授与は、一人前の心学者としての証しであり、講釈するための一種の免許資格の意味もあった。

また「会友大旨」を定めた。会輔席の規約である。それによって、修行に励む集団の学習の方法・学習書目・職制などが具体的に規定された。以上のような堵庵の矢継ぎ早の「改革」は、石門心学の教説上の拡散を防ぎ、心学の水準を保ち、教化の運動組織を固めていく工夫であった。こうした石門心学の組織構成は、寺院本末制や芸能の家元制などと相似形をなしていた。近世の文化や社会の組織に共通した特徴と言えようか。

会輔——心学者の学び

堵庵は修行や教化の方法も革新した。梅岩が採った学問と教化の方法は、「読書、静坐工夫、会輔、講釈」の四つであった。文字や書物の学に懐疑の眼を向けていた梅岩だが、修行時代にはみずから積極的に本を読んでいたから、「読書」そのものを否定したわけではない。むしろしばしば書物から引用していた。またかれは、もともと内にこもる求道者タイプであったから、座して深い思索に浸り「静坐工夫」を凝らすことも少なくなかったにちがいない。それが堵庵になると、上記四つのうち、自力で学ぶ「読書」と「静坐工夫」が後退し、逆に共同学習としての「会輔」と不特定多数の聴衆に向けて語る「講釈」の比重が格段に高まってきた。

まず会輔の方法である。すでに少しふれたように会輔席は、「友によらざれば道にすすみがたし」(「会友大旨」)という認識のもと、道友たちが会して議論し切磋琢磨する集団学習の場である。それは一見、伊藤仁斎の同志会(古義堂)や徂徠学派の会読などの集団学習と類似した方法であるようにみえる。しかし同志会や会読では、経書の読みや解釈をめぐって高度な議論がなされていた。いっぽう、石門心学の会輔では、使うテキストは「四書、近思録、小学、都鄙問答、斉家論」に限られていた(「会友大旨」)。後二者は梅岩の著書で仮名書きであり、前三者はいずれも朱子学の入門テキストで、これらについては「示蒙といふかたかなどき(カタカナ解き)の本」で読めばよいとされていた。また五経の「要文」(キーセンテンス)は『近思録』に収載された引用文で間に合わせ、『孝経』のキーセンテンスは『小学』に所載の引用文で済ませればよいとも、「会友大旨」に明記されていた。

ここで「示蒙」といわれているのは、中村惕斎の『四書示蒙句解』と『近思録示蒙句解』のことであろう(第一章)。要するに漢籍は、四書などの基礎的なテキストであっても、要文のみで間に合わせている。漢文を読むことはまったく求められていない。読書というのにはほど遠い。

さらにここに列挙されたテキストの実際の使われかたが、学びの実態をうかがわせる。「平《ツネ》常《ヅネ》教の書物のうちの御言《オンコトバ》をよみ、討論といふてはなしをいたしあひ、人々独の身の上をつつしみ守りて、万事の道理本心にそなはりあれば、其我が本心にたがはぬやうにいたしならふべし」（「会友大旨」）という。要するに、テキストのキーワードやキーセンテンスを主題として提示し、それをめぐって会衆した道友たちが、自分の日常での具体的な行動事例に即して討論し、己の「本心」に齟齬をきたさないように心得る、というほどの意味であろう。ここには読書の課程は実は何もない。あるのは口語でのやりとりだけ。水車で米をつけば「いつとなく米と米と互にすれあひて白くなる」ように、「良友達に交りい」り、苦労しないで「楽々として善人になる」（「会友大旨」）という。石門心学者は、実際には、こうした会輔席での修行によって養成されていた。

以上、堵庵の想定した学習方法は、目による読書ではなく、討論や話し合いが中心であった。しかも日常の具体的事例に即した、実践的な討論である。梅岩の声と耳による学びの方法を、堵庵はぎりぎりまで徹底していったといってよい。「学問」と称しつつ、その学びの実態はこのようなものであった。

教化方法の革新――前訓と出版

堵庵は教化の方法も工夫した。まず成人と子ども、男と女など、聴衆を分けて別々に講席を設けた。それぞれに合わせて内容や語り方を変えたのである。梅岩の時代は、教化対象が成人であったから、開講はほぼ夜間に限られていた。いっぽう、堵庵は子ども向けの教化も始めた。七―一五歳の子ども相手に「前訓《ぜんくん》」と名づけて、昼間に開講した。「前訓」の教説は文字に起こして出版し、年少者向けの教材とした。そのほかにも、堵庵は『児女ねむりさまし』『新実語教』の著作も著した。それらは往来本に近い使われかたをした。

子ども向けとはいえ、堵庵はこうして印刷テキストを自覚的に活用した。声による語りの方法を徹底するいっぽうで、それとは異なった教化の回路も視野に入れていたのである。ただし「前訓」がそうであったように、その印刷に先行して、やはり口語での講釈があった。それが講釈の本体と意識されていたのだろう。書下ろしの出版があったという事実は確認されていない。とすれば、印刷されたテキストは補助的な位置づけであったと考えてよい。

4　「道話」の発明

心学道話――マス・ローグの語り

手島堵庵の教化運動は列島各地に教線を拡大した。その成功の最大の要因は、語り方の革新にあった。それが、「心学道話《しんがくどうわ》」の発明である。

一九世紀前半、文政~天保期に活躍した心学者に柴田鳩翁《しばたきゅうおう》(一七八三―一八三九)がいる。かれは『都鄙問答』を読んで心学に目覚め、盲目となって後も各地を遊説して心学を説きつづけた。鳩翁は話が平明で多くの聴衆を教化し、「道話の神様」の異名をもつ。かれは冒頭にきまって次のように断って道話を語り始める。心学道話は、「識者」のためではなく、家業に忙しい百姓や町人衆らに対して「聖人の道」をお知らせするために、「詞をひらとうして、たとえをとり、あるひはおとし話」をまじえて「神道でも仏道でも、何でもかでも取込」み、「通じやすいやうに」「軽口話のやう」に話す講釈のことである、という(『鳩翁道話』天保六年〈一八三五〉刊)。漢文の学に縁のない者にはもちろん、日々生きるのに精いっぱいの民衆にも、「聖人の道」を平易に面白おかしく伝えるのが「道話」であると言っている。それは後藤宏行のいう「マス・ローグの語り」にほかならない(『「語り口」の文化史』)。

後藤のいう「マス・ローグ(mass-logue)」とは、自己内部で完結する「独白(mono-logue)」、一対一の「対話(dia-logue)」に対して、不特定多数に向けた通話形態のことである。講釈や演説、スピーチがそうであるように、マス・ローグは一方向的な口語によって語られる。堵庵が始めた心学道話は、このマス・ローグの特質をそなえていた。

その点、梅岩の「講釈」はどうであったのか。梅岩の著作は問答形式であった。先に述べたように、実際になされた問答が下敷きになっていたからである。そもそも問答とは、相手の問いに寄り添い、対話を繰りかえすなかから、正しい判断にみちびいていくスタイルである。古くはソクラテスの問答が有名である。梅岩の「講釈」は、結局ダイアローグにとどまっていたと言わざるをえない。

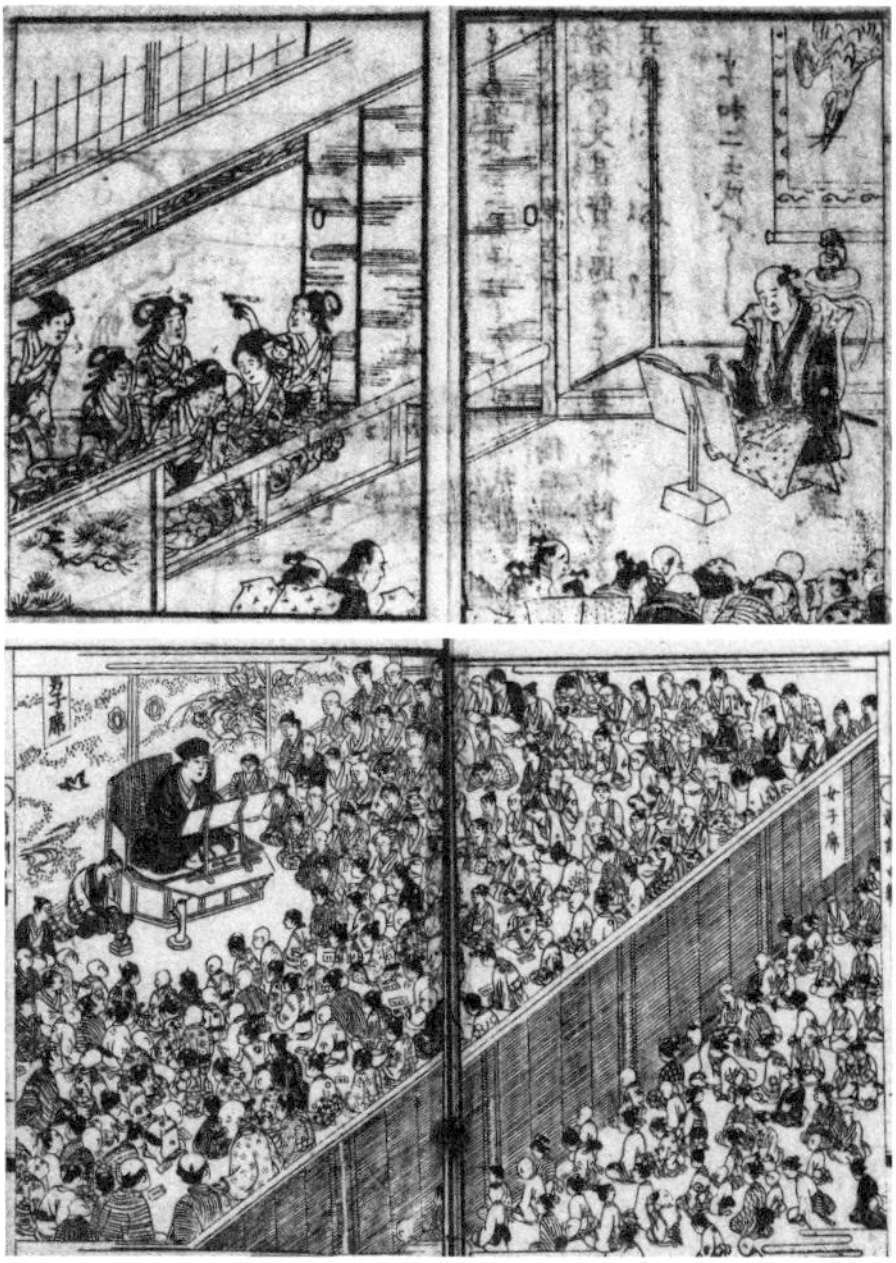
(上)梅岩の講釈図(『石田勘平一代記』明倫舎蔵．画像提供：亀岡市文化資料館)
(下)堵庵の講釈図(『前訓』長野県立大学図書館デジタル画像)

このことは、描かれた講釈図からもうかがえる。梅岩の講釈図(『石田勘平一代記』挿絵、享和二年〈一八〇二〉刊)では、梅岩は聴衆と同じフラットな畳に座し、見台を前にして語っている。おそらく梅岩にはひとりひとりの名前と顔が認識できただろう。講師と聴衆が、「さし向ひ」の、いわば人格的な関係というように近い。いっぽう、堵庵の講釈図は、聴衆より一段高い高座から、はるかに大勢の聴衆に向けて語っている。聴衆の名前も顔も、堵庵には定かには判別できなかったにちがいない。いわば一方向的で抽象的な関係である。心学道話の図では、このように語り手は必ず一段高い高座となっている(真下三郎「心学道話の言語的性格」)。このふたつの図は、梅岩のダイア・ローグから堵庵のマス・ローグへの移行を、目に見える形で物語っている。

道話の語り

堵庵が切り開いた道話という方法は、石門心学のその後の主要な知の発信形態となり、その教化運動を飛躍的に拡大させた。ここでは、道話の語りの構造と特質を確認しておこう。

まず指摘すべき第一の特質は、梅岩という存在の「特権化」である。石門心学は、すでに述べた梅岩の「開悟」から出発していた。心学は「古先生」(梅岩)のこの特別な体験を前提としており、道話で説く教えの内容自体は、梅岩がすべてを明らかにしている。その前提のもと、堵庵は、「石田先生へのお礼に」、人々に本心をしらせ、梅岩に「御引合《おひきあわせ》を申迄」(堵庵『論語講義』)と、自らを「取次」(『堵庵事蹟』)もしくは「引合」者と位置づける。柴田鳩翁も、「先師教諭の取次を致す」(『柴田鳩翁先生事蹟略』)と語り始める。これが、石門心学者に共通した論法であった。道話の語り手はあくまで、梅岩の世界を聴衆たちに開いていく伝達者であり紹介者であった。梅岩が「自らの学を語った」のに対し、堵庵らは「梅岩を語った」のである。ここに、梅岩とその後の石門心学との決定的な切断線があった。その意味で、堵庵は「石門心学を創出した」のである(高野秀晴『教化に臨む近世学問』)。

梅岩と堵庵との関係は、広い目でみれば、宗教の創始者とその伝道者の関係と相似形をなしている。それは、近世後期から近代初期に多く出現した民衆宗教(たとえば黒住教、天理教、金光教など)にも共通してみられた構図である。ただし石門心学は宗教ではなかった。

梅岩の学は、目／文字・書物ではなく耳／声・口語で形成された。だからその教えも、声によって伝達できる。少なくとも心学道話の前提には、この確信があった。

道話の語り手は、自らを梅岩への紹介者もしくは媒介者と位置づけるいっぽう、かれ自身も開悟体験者として聴衆に語り出した。聴衆は、その語りの背後には開悟の世界があり、心学道話は開悟にいたるための「通路」となると了解していた。語り手と聴講者とによって構成されたこの関係は、「劇場的な空間」というのに近いだろう。「マス・ローグの語り」は、この劇場的空間のしつらえによって可能となった。これが第二の特質である。

ところが他方で、開悟それ自体は言語では伝達できないのだという。たとえば梅岩は、「心ハ言句ヲ以テ伝ラルル所ニアラズ」、だから自力で「会得スル所」(『都鄙問答』)といい、堵庵も、「此工夫言句の及ぶ所にあらず」(『知心弁疑』)という。開悟は言語では伝えられない、自分の力で会得するしかないのだと、口をそろえて言う。

これはどう考えても矛盾である。言葉では伝えられない、だから自力で会得せよという。しかしそれを伝えるのが声(言葉)で語る道話だという。この矛盾・逆説はどう説明できるのか。ここでは、言語や理論での理解とは異なる理解が求められている。繰り返せば、梅岩の開悟は身体を通した「体験知」であった。とすれば道話は、「体験知」を誘うための語りでなければならない。

堵庵はそのことを、伝聞で聞くのと自分の眼で見るのとでは「大きに違ふもの」としたうえで、そのちがいを比喩で説明する。安芸の厳島は江戸時代から「日本三景」のひとつ。厳島のことを伝聞で耳にし、本や絵図でも詳細に知っている人が、実際に厳島に参詣してみるとどうなるか。すでに承知しているのと寸分違わない光景を、たしかに目の当たりにする。が、「違はざるに似て甚相違あり」、ちがっていないようだが、とても大きなちがいがある。「本心をしりたるは往て直に見たると同じ」(堵庵『知心弁疑』)。絵図や物語は、知識によって厳島を理論的に理解する仕方。実際に現地に行って厳島を体験することは、梅岩の開悟と同じく、真に心を知る理解である。つまり心学道話は、絵図ではなく、直接体験させる語りなのであった。

このように、心学道話で重要なのは、聴衆にいかに体験させるかという一点にある。体験させるためには、心情的共感を誘発させることが肝要だろう。この意味で、心学道話は、聴衆に感動を体験させる「語りのメディア」であったといってよく、そのためには、劇場的な集団的空間が有効であった。

語りの技法

以上、聴衆に体験的なリアリティを誘発させるのが心学道話であった。とすれば、道話の本質は、語る内容よりも語りの技術に求められることになる。

道話が語る内容自体はいたって単純なこと。堵庵は、「論語を説ても、つれつれ〔徒然草〕を説ても、何を説《とこ》か外の事は申さぬ。只本心を御しりなされと申事じゃ。又論語て有ふか大学て有ふか本心を知て其通に従ひ行ふより外はこさらぬ」（『論語講義』）と言う。要するに堵庵の道話の発するメッセージは、「本心を知る」という一点にあった。単純明快である。

このシンプルなメッセージを印象づけるために、心学道話では言い換えを繰り返す。堵庵は梅岩のいう「性」を「本心」「思案なし」「ありべかかり」と言い換え、鳩翁は「仁」を「無理ない」、「私欲」を「身びいき」などと言い換えた。儒学の専門用語を日常口語に言いなおすことで、聴衆の理解を深め共感を引き出そうとしたのである。

また道話には、擬声語や擬態語が多用されている。「道とは何ぞ、雀はちうちう、カラスはかあかあ、鳶は鳶の道、鳩は鳩の道、君子其位に素《ソ》して行ふ。外に願ひ求めはない。その形地《カタチ》の通り勤めてゐるを天地和合の道」(『道二翁道話初篇』)という具合である。文字にしてみればほぼ意味不明、むしろ無意味にさえ思われるが、それは声で語り耳で聴くうえでのリズムや勢いが重視されているからだろう。擬声語・擬態語は「音声表象をかりて、対象の実態を感覚的に伝達」するときに使われ、「それは文章よりも、はなしことばの中にとり入れられたときに、より効果的に作用する」とは、前田愛の指摘である(『近代読者の成立』)。擬声語や擬態語の頻用は、聴衆の耳に心地よく届くための技術であったといってよい。

心学道話では、ほかにもさまざまな語りの技法が駆使されていた。たとえ話や具体的な実話はもちろん、軽口、諧謔、落し話なども多用される。同じ口語体でも、生活語、方言(とくに京都方言)、くだけた庶民口調などが、好んで使われた。語尾に「〜ワイ」「〜ゾ」「〜ジャ」などの語りかけの表現もよく使われている。またセンテンスが短く、簡潔でリズミカルで歯切れがよい。言語的な品位は高いとは言えないが、それ以上に平明さと親近感、臨場感に満ちている。聴衆の感覚や感性に響くような工夫がなされている。

また、印象的な和歌や諺を挿入する手法なども、随所にみられる。もちろん、身振り手振りと顔つき、声音の高低・強弱、声色等々、語る技術の工夫が重ねられたにちがいない。

そうした身体の技法は、当時の語りの演芸とかかわりがあるだろう。たとえば落語や講談・軍談などである。そのことを示唆するのが、先の柴田鳩翁。鳩翁は、もと軍書講談師を職業とする語りの達人であった。時習舎の都講《とこう》（会輔の職制の一で運営の世話役）だった前川常営が、鳩翁の語り口に注目し、心学道話の講師にスカウトしたのである。鳩翁は、日常の具体的実例を引き、生活感に即した巧みな語りで、心学道話のもつ可能性を存分に引き出してみせた。

その意味で心学道話については、民衆の文学や芸能などといった文化的文脈で考える作業も必要だろう。たとえば但馬の城下、豊岡（現・兵庫県豊岡市）の商家の主人が、心学道話聞書本をもとに、自ら好んで道話を語っていたという記録が残っている。家族や店の者だけでなく、頼まれれば武士たちにも語って聞かせていた。かれは『石田先生門人譜』への登載が確認されていないから、京都の三舎の統制下にある「正規」の心学者ではなかったようである（高野秀晴「教化メディアとしての心学道話聞書本」）。教化主体とも思えないかれが、聞書本をもとに好んで道話を語っていたとすれば、道話を演じ語ること自体に魅力を感じていたのではないか。いまの素人が趣味で落語を語るのと同様の光景が想像される。学問と芸能が交錯するなかに、民衆の学としての石門心学が絡まり、浸透していったといえよう。江戸時代は、学問と芸能の間の距離が、いま私たちが考えるよりもずっと近かった、ということを感じさせてくれる。

石門心学へのまなざし

堵庵以後の心学道話の登場は、梅岩のもつ豊かな思想性を薄めていく要因とされ、これまで肯定的に評価されることは、まずなかった。梅岩が本来もっていた思想的緊張感を失い、思想が通俗化していく過程とみなされた。しかし梅岩の学ももともと教化の言説として構成されていたのであり、学問に縁遠い民衆に向けられていた。とすれば、そうした民衆にメッセージをいかに届けるかという、梅岩がめざしていたのと同じ観点から、石門心学の意味は論じられ評価されるべきであろう。その点、堵庵や鳩翁の平易な用語への言い換えや語りの技法上の工夫は、梅岩のメッセージを民衆に届ける点で大きな役割をはたしていたといってよい。

書かれたテキストの内容を、思想的革新性や新奇さという観点からみるならば、石門心学史は、いわば思想の転落史のようにみえてくる。が、ここでは、梅岩から堵庵への石門心学の展開を、同時代の歴史の文脈のなかに戻してみることで、石門心学の歴史上の意味をとらえたい。それが、いまのわれわれの価値基準からはみえてこない思想の別の意味をみいだすかもしれないからである。

5　石門心学の歴史的位置

儒学の教説化とそのメディア

中国や朝鮮に比べて、日本の儒学は、江戸時代の社会に根づいた学とはいえず、民衆には遠い存在であった、これまでそのようにいわれてきた。その儒学が近世社会に浸透するには、儒学が教化の言説として、道徳的な教えの文脈に組み替えられる必要があった。近世前期の仮名草子の系譜にも、仏教と相克しながら道徳的な教えにむかう儒教の傾向は認められたが、画期は益軒本の出版であったといってよい。第四章でみたとおり、益軒は、儒学を「民生日用」の文脈に意味づけるとともに、日常の道徳教化の言説に組み替えた。

益軒の活動は出版メディアによるものであったから、益軒本の読者は、一定の教養ある民衆たちであった。それに対して、梅岩と石門心学は、学問や読書には縁のない社会層に向けられていた。

寛政改革と石門心学

石門心学が全国に教線を拡大したのは一八世紀後半のこと。その時期、とりわけ天明の大飢饉(一七八二―一七八七年)は列島のほぼ全域に大きなダメージを与えた。飢饉をきっかけにして既存の社会秩序が激しく動揺し、町村の共同体から排除された民衆が大量にうみだされた。その事態に対して、幕府諸藩を問わず、領主層は例外なく待ったなしの政治改革に迫られた。

幕府の寛政改革もその文脈上にある。老中首座松平定信は、多方面にわたる改革のなかでも、とりわけ人々の内面に関わる思想や学問の在り方に目を向けた。定信の改革は、政策対象として「民心」を「発見」したことに画期的意味があった。「(寛政)異学の禁」(朱子学を正統の学として、幕府の学校での朱子学以外の学問=異学を禁止した政策)は、通常言われるような、たんなる封建反動や思想統制策ではない。朱子学を理念の柱にし、民心も視野に入れた構想力豊かな改革であった。近代の学校教育が民心を管理対象に組み込んだことを思えば、定信の政策はそれへの第一歩に見えてくる。そして、定信が改革政治の一環として注目したのが、石門心学であった(辻本雅史『近世教育思想史の研究』)。

寛政改革は、定信がかねて「刎頸《ふんけい》の交わり」(定信自伝『宇下人言』)をなした同志の領主グループとの集団指導によるものであった。定信を含め、同志の多くは、石門心学に近づき、みずから進んで道話を聴き、「心学大名」と称されるほどであった。なかでも、定信と親交が深かった陸奥泉藩の本多《ほんだ》忠籌《ただかず》は、江戸に下った中沢道二《なかざわどうに》(手島堵庵門下、江戸に参前舎という心学講舎を開設)に心酔し、修行に励んだ「心学大名」であった。そのほか、定信退任後も改革政治を継承した松平信明《まつだいらのぶあきら》(三河吉田藩)や戸田氏教《とだうじのり》(美濃大垣藩)といった老中たちも、しばしば道二を藩邸に招き道話を語らせたり、領内教化にあたらせたりした(石川謙『石門心学史の研究』)。在来の町村社会の共同体秩序からはみでた民衆への教化は、既存の学では対応できなかったのである。それを心学者たちに期待した。

江戸でいえば、幕府は石川島に「人足寄場」を設け、流入してきた無宿人たちを収容した。人足寄場は、無宿人を収容することで、江戸の治安悪化の原因を取り除き、併せてかれらに授産訓練を行う更生施設であった。この人足寄場にも中沢道二らの心学者を招き、道話を語らせた。その効果のほどは定かには確認できないものの、その後も、幕府消滅の日まで心学道話は語られ続けた。無駄ではなかったからにちがいない。

京都でも、幕府は教諭所宣教館を開設し、京都の心学者に朱子学者もまじえて、民衆教化の講釈にあたらせた。町奉行所の触書を通じて心学道話を広報し、聴講を勧めた。この活動も幕末維新のころまで、消えることなく継続されていった。石門心学は、寛政期以後、幕藩領主層の教化政策のうちに、確実に組み込まれていったのである。

政治のメディア

このように、寛政以後の石門心学は政治に利用された。それが心学の御用学化、あるいは思想の転落であるのか否かの評価はともかく、この時期、幕藩の為政者が石門心学に注目したのは、儒者たちのそれまでの講釈(教化)には、社会秩序からはじかれ行き場を失った民衆の心を惹きつける力がなかったからである。益軒本の類もその受け手は、識字読者に限られていた。秩序からはみ出た民衆たちの心にいかにメッセージを届けるか、為政者たちはそれにふさわしいメディアを模索していたのである。

そもそも石門心学は、「梅岩を語る」ことによって堵庵が創出した教化の語りであり、しかも芸能とも地続きにある語りであった。語りを演じる道話のうちには、民心を秩序内に取り込むメッセージが仕込まれていた。為政者たちはそこに、政治の新たなメディアとしての可能性をみいだしたのである。

行き場を失った民衆の心に届くメディアといえば、普通は宗教を想起するだろう。幕末に黒《くろ》住《ずみ》教、天理《てんり》教、金光《こんこう》教など、数多く出現してきた民衆宗教は、こうした事態に応じるものであった。しかしこうした民衆宗教は、社会秩序の再建に向かうよりも、むしろそれを逸脱したところに展開する傾向があった。現にこれらの民衆宗教の多くは、陰に陽に政治権力や既存の宗教勢力から妨害を受けている。為政者の眼にはかれらは「淫祠邪教」の類に見えていたのである。ちなみに、幕藩領主層が宗教を政策のうちに直接に取り込んでくるのは、後期水戸学までまたねばならない。

こうして寛政前後に、石門心学は「語りのメディア」であるとともに、民心をめぐる「政治のメディア」として登場してきた。知の伝達メディアの観点からは、石門心学の歴史的意味は、このようにみえてくる。

第六章

本居宣長と平田篤胤

——国学における文字と声

本居宣長六十一歳自画自賛像
(本居宣長記念館蔵)

漢学に抗して

前章でみたように、石田梅岩が口語で学問を語り始めた享保一四年(一七二九)は、おりしも徂徠学が隆盛に向かうときであった。徂徠は、領主層や儒者に向けて学を説き、経書漢籍への学習(習熟)にこだわった。漢文重視の最右翼が徂徠学であり、梅岩の学は、同時代のこうした漢文隆盛に対抗する動きであった。

一八世紀後半にはさらに、徂徠学に対抗する新たな学が立ち上がってくる。本居宣長(一七三〇—一八〇一)の国学である。宣長は、漢文(儒学)の学問圏からの脱出をはかった。それは、「知のメディア」の観点からは、文字よりも声を第一と考える学問ともいえるから、梅岩―石門心学とは別の系譜の「声の復権」と見ることもできそうである。

本章では、宣長と、それに続く平田篤胤の国学に即して、声と文字が相克する学びと思想のメディアの様相を考えてみたい。

1　儒学の学問圏からの脱出

京都への遊学

宣長は享保一五年(一七三〇)、伊勢松坂の木綿問屋に生まれた。梅岩が京都で開講した翌年のことである。江戸に店を構えていたほどの裕福な商家で、いわゆる「伊勢商人」である。ちなみに越後屋で有名な三井高利《みついたかとし》も、松坂出身の伊勢商人であった。宣長は、一一歳の時に父を亡くした。家業継承が期待される立場であったから、かれは、ひとたびは江戸に商人になるための修業に出たが、挫折して帰郷した。さらに婿養子に入った商家でも離縁された。宣長は、商人には生来、向いていなかったのだろう。その挫折体験の後、医学修業をめざし京都に旅立った。

宣長の京都遊学は、宝暦二年(一七五二)からの五年半。この経験は、宣長の思想形成に大きな意味をもつことになった。医師になるには漢文の読み書きが欠かせない。まずは堀景山《ほりけいざん》塾に入門し儒学の学習に臨んだ。景山は堀杏庵《ほりきょうあん》(朱子学者、藤原惺窩門の四天王のひとり)の曽孫にあたる。朱子学者であったが、徂徠学に共鳴するところも多かった。徂徠とは書簡の往復を重ねるほど、浅からぬ交流があった。景山はまた契沖《けいちゅう》の国学にも造詣が深かったので、宣長は契沖の著作にも親しみ、そこから日本の古典に関する多くの刺戟を受けた。

漢文から和文へ

宣長は筆まめな人で、京都遊学中の日々を記した『在京日記』を残している。当時の知識人の例にもれず、『在京日記』は漢文で書き始められた。日々の出来事を簡潔に淡々と記すものであった。ところが宝暦六年(一七五六)正月を境に、それまでの漢文表記から、和文に切り換えた。変化は文体だけではない。内容も、それまで記述しなかった歌会への参加、顔見世などの芝居見物、物見遊山、宴会、さらには遊郭通いにいたるまで、遊興に関する記事が格段に増えた。芝居では観劇した演目や役者名まで詳しく記し、感想も添えている。それまで抑制していた感情が、和文体に転じたとたん、臆することなく記されるようになった。遊郭行きの記述も少なくなかったようだが、その箇所の多くは、後に何者かの手によって破棄された。現存の『在京日記』では「欠損」扱いとなっている。宣長の周辺にいる者にとって、他人には知られたくない内容が書かれていたにちがいない。

後に宣長は、「感じる心」を人間の本質とみる人間観を展開する。「もののあはれ」論で知られる主情主義的人間観である。人情こそが人のもつ根源的な真実の心(「真心」)と、若いころから考えていた。青春を謳歌するかのような享楽的な日常が、日記のあちこちにうかがえる。加えて、記述量も格段に増えた。それまで年間で一〇〇〇字余り、多くても二〇〇〇字を超えることはなかったのが、和文体に転じて後の二年間は字数が一挙に三―四倍にはね上がった。それまで抑制していた私事を、饒舌に記し始めたのである(榎本恵理「本居宣長の教養形成と京都」)。

儒学的思考からの脱却

文体・字数・内容の変化は、形式上の変化にとどまらず、思想に変化があったことを示唆している(吉川幸次郎『仁斎・徂徠・宣長』)。本書で述べてきたように、漢文はもともと学術の言語。学問に関わると意識されれば、漢文が選択される。そして、漢文による記述は儒学の用語や概念にもとづいているから、漢文で書く場合には、(たとえ無意識であったとしても)結果的に儒学的な思考が下敷きにならざるをえない。儒学の思考枠組は遊興の世界にはなじみにくい。芝居の感想もそうだが、遊郭の高度に洗練された所作や言葉のやりとりは、和文でなければ表現できなかったにちがいない。こう考えてくれば、『在京日記』における和文体の選択は、それまで引きずってきた儒学的価値観からの脱出の表明であったとみてよい。

儒学の学習も深まったはずの京都遊学後半期、宣長は、景山塾の学友宛の書簡に、「聖人の道」は「治国安民の道」である、ところが治める国も民もない一介の自分には、儒学は所詮「屠龍《とりゅう》の技」(実在しない龍をほふる無用の技)にひとしい、そう書き送っている(清水吉太郎宛書簡、漢文)。宣長にとって景山塾での儒学学習は、「文辞」(漢文の学習や漢文学)への関心のほかには、すでに意味がみいだせなくなっていたといってよい。

和歌詠歌と音声言語

在京中に宣長に思想的転換があったと想定したが、それはもとより人間観の転換もともなっていた。そのことは、離京前後に書かれたとされる歌論『排蘆小船《あしわけおぶね》』に鮮明に認められる。人情とは「ハカナク児女子」のようなものである。武士の道徳では、主君のために戦場で死んだ武士を「義士」とたたえるが、それは本来の人情(「人情ノ本然」)ではなく、偽りである。宣長はそう断じた。また人間には、善悪の判断を超えて、抑えがたい「ヤムニシノビヌ」人情がある。「道ナラヌワザ」(不倫の恋)がうまれるのもそのゆえであるという。そして、もともと人のもつ、このやみがたき人情を表現する形式が和歌である。いいかえれば、和歌詠歌によって、人がかかえるさまざまな情欲は、ある種の浄化ができると考えていた。ここでは、儒教的な道徳規範におさまりきらない人情の価値が認識されており、その文脈において、和歌詠歌の行為が意義づけられている。

宣長は、生涯に和歌を一万首以上詠んだという。和歌を詠むということは、かれには日々生きることの一部となっていた。ではなぜ、やみがたき人情を表現するのに和歌がふさわしいのか。

榎本恵理は宣長の言語観に注目する。「文字ハ異国ノ文字ニテ、仮用ヒルマデノ事」、文字（漢字）はもともと中国のものであり、それを使うとしても、わが国の言葉を表現するための「カリ物」（借り物）でしかない（『排蘆小船』）。後の歌論書『石上《いそのかみ》私淑言《ささめごと》』（宝暦一三年〈一七六三〉ころ成立）では、「詞は本にして文字は末」、「言を主とし、文字を僕従としてみるべき事」という。文字（漢字）はあくまで声を表記するための手段（「末」「僕従」）であって、声のことば（「詞」「言」）こそが本体である。このように、音声言語の優位性を強調してやまない。ところが今の学者たちは、漢文という書記言語に依存している。そのため、文字と声の本末を逆に考えてしまっている。かれらはそのことに気づいてさえいない。宣長は、こうした言語観をもとに、儒者・漢学者を批判した（榎本「方法としての和歌」）。

「歌ハ音律」（『排蘆小船』）である。「神代よりいひ来たれるふる言（古言）をたふとむ」、和歌は、神代の古代から声による「古言」で表現されている。だから表記された文字の意味より、詠まれている「言の意《こころ》」の方こそが重要である（『石上私淑言』）。要するに、和歌は声に出して詠う人情の表出であり、漢字で代替できるものではない。文字に対する「声の復権」の系譜をここにも見て取ってよい。梅岩は声を拠り所に「学問」（儒学）を語り、宣長は和歌詠歌を媒介に、王朝文化に連なるわが国の「古学」すなわち国学を構成してみせた。

『古事記』の発見

わが国にはもともと文字はなかった。漢字が伝わり文字を書き始めたが、当初は漢文で書くしか手立てはなかった。その結果、わが国の「心ばへ」も「漢意《からごころ》」になってしまった。宣長はそういう。裏からいえば、漢字以前のわが国(「天照大御神の御国」)は、心も行いも話す言葉も優雅ですなおなままであり、そのため天下は穏やかにおさまっていた。まことに「めでたく妙なる御国」であった(『石上私淑言』)。使うメディア(漢字)が人の心の在り方(「心ばへ」)まで規定してしまうという認識が、ここにみいだされる。現代メディア論に通底する認識といってもよい。

とすれば、「漢意」に染まる以前の「古へのまことの意」を知るためには、まずは「からごころを清くはなれ」なければならない。そのために、何よりもかつて声で語られた「古言」を知る必要がある。これは、「松坂の一夜」で賀茂真淵《かものまぶち》から教えられたことでもあった(『玉勝間《たまかつま》』)。「古言」とは、わが国本来の声のことば、〈やまとことば〉のこと。〈やまとことば〉を通して、古代の人びとの本当のこころのさまが明らかになる。そう宣長はいう。

しかし、文字以前の声の〈やまとことば〉をいかに探り当てることができるというのか。これに応えるための方法的自覚をもって、宣長は『古事記』に向かった。真淵は声で詠まれた『万葉集』にその可能性を求めたが(『万葉考』)、宣長は神典としての『古事記』に注目し、『古事記伝』の執筆に向かう。明和四年(一七六七、一説には明和元年)に始め、寛政一〇年(一七九八)に脱稿するまでの三十数年、『古事記伝』は文字通り宣長畢生の大業となった。

『日本書紀』は、漢文で記した正史として、古来重んじられてきた。それに比べて『古事記』は、宣長以前にはながらく軽視されてきた。神話伝承の類とみなされていたからであろう。それが近世中期以降、儒学に対抗して、日本古代への関心を強めてきた国学思想の中で、『古事記』の重要性がみいだされた。とりわけ真淵—宣長の師弟において、「古言」という言語的な関心とともに、『古事記』の意味が発見されたのである。

〈やまとことば〉の復元作業

『古事記』は、稗田阿礼《ひえだのあれ》の誦習する伝承を、太安万侶《おおのやすまろ》が文字に起こし筆録して成立した。口承で語り伝えられてきた言葉は、中国風の漢文で書かれた『日本書紀』の文とは異なっている。『古事記』に表現された文が、漢字伝来以前の声のことばによほど近いはず。いたずらに作為を加えず、「意」(こころ)も「事」(できごと)も「言」(ことば)も、古代日本の真実のさまを表現しようとしている(「古記典等総論」『古事記伝』一之巻)。そう宣長はとらえていた。『古事記伝』は、『古事記』を注釈することを通して、古代の本来の〈やまとことば〉を復元し、古代日本のまことの姿を再現しようとした企てである(子安宣邦『本居宣長』)。

とはいえ、古代の声のことばを文字テキストから復元する作業は、容易なことではなかった。

『古事記』というテキストは漢字だけ。だからそれも、一種の漢文にはちがいない。そこからいかにして声で語られた〈やまとことば〉を復元するのか。宣長は文献考証を駆使し、「学問的に」それを遂行しようとした。『万葉集』の和歌はもとより、神に向けて語る「祝詞《のりと》」や天皇の言葉を記した「宣命《せんみょう》」の類も含め、声で語られたと想定される記録や文献類を突き合わせ、丁寧な考証を行った。たとえば、『古事記』冒頭の「天地初発之時」は、なぜ「アメツチハジメノトキ」と訓まなければならないのか、なぜほかの訓みをとらないのかということを、考証を重ね説明を尽くしていく(田中康二『本居宣長』、子安前掲書)。こうした「学問的」な注釈作業を延々と続けて、『古事記伝』全四四巻が完成した。

2　声の共同性

歌の力

宣長はなぜ、声のことばに執拗にこだわったのか。かれの音声言語主義は、漢文・儒学への対抗というだけで説明できるものではなく、宣長の人間観にねざしていたと考えられる。

宣長には、「感じる心」「ヤムニシノビヌ」人情こそが人間の本来のまことであるという認識があり、それを「もののあはれ」と表現した(『紫文要領《しぶんようりょう》』宝暦一三年〈一七六三〉)。すでにふれたことだが、もう少し詳しく見てみよう。

人の哀なる事をみては哀と思ひ、人のよろこふをきゝては共によろこふ、是すなはち人情にかなふ也、物の哀をしる也。人情にかなはす、物の哀をしらぬ人は、人のかなしみをみても何共思はす、人のうれへをきゝても何共思はぬもの也、かやうの人をあしゝとし、かの物の哀を見しる人をよしとする也。

（『紫文要領』）

「物の哀をしる」ことが、人の善悪に関わる価値と認識されている。他者の喜びや悲しみなどの人情を共感・共有できる人が、宣長の考える「善き人」なのである。そして「物の哀をしる」ときに歌がうまれる。「いきとしいける物」には「情《ココロ》」があり、それゆえものごとにふれれば「必ずおもふ事」があり、そこに歌がうまれる。なかでも人は「心もあきらか」で「おもふ事おほ」い。そのため「物のあはれをしる」心がひときわ豊かであるゆえ、「歌なくてはかなはぬことはり」である（『石上私淑言』）。他者と共感できる豊かな人情の表出が、歌を詠むということ。だから和歌は、人間同士がつながるメディアであった。「メディアとしての和歌」である（榎本前掲論文）。

宣長は、和歌をいかなる場で詠んだのか。ほぼ歌会であったろう。かれは若いころから好んで歌会に参加し、また自ら歌会を主宰した。京都でも松坂でも、宣長の日常には歌会があった。逆に言えば、詠歌は書斎にこもってする個人的ないとなみではなかった。仲間に向かって、声に出し、表情をともない、朗々と声を引き、高低をつけリズムを刻みながら詠み出されるものであった。

深い情をこめて詠う声には、会衆の共感(「あはれと感ずる事」)を引き出す力がある。それが和歌の不思議な「自然の妙」だという(『石上私淑言』)。声は身体から発せられ、仲間たちの耳に届く。会衆の共同空間の原型には、王朝社会がイメージされていただろう。そのイメージを突き詰めていけば、「古道」論、すなわち天照大神–天皇を中心にして、人々の心も穏やかに治まった古の道の在り方が、本来あるべきわが国の姿であると説かれる。宣長の古道論のその先には、一定の共同性をもった「国家」が姿を現してくるだろう。それは、天照大神に根拠づけられた天皇を真ん中においた、「日本」という国家であった。

二つの歌会――和歌に託したもの

『古事記伝』全四四巻の脱稿を機に、宣長は書斎の鈴屋《すずのや》において「終業慶賀の歌会」を催した。この歌会は、『古事記』に見える神や人を題材として詠み込んだ和歌を諸国の門人たちに公募し、周到な準備のもとで開催された。宣長は、寄せ集めたこれらの作品群を編集して『古事記伝』の末尾に加え、出版するつもりであった。ただその実現をみないまま、享和元年(一八〇一)、この世を去った。

『古事記』中の神や人にちなんで、あるいはそれに向かって、和歌を詠むというこの企てに、宣長はいかなる意味をこめていたのだろうか。宣長においては、『古事記』の世界はたんなる書物のなかのフィクションではない。古代日本に実在していた世界である。だから和歌を回路とすれば、時空を超えて、『古事記』のその世界に参入できると、宣長は考えたにちがいない。

山室山の宣長墓所

さらにいえば、歌に詠みこまれた『古事記』のなかの神や人の霊を、歌会の場に降臨するよう招き寄せ、詠み手たちと交歓する。そうすることで、『古事記』の世界を、リアリティをもって再現し、それを会衆した仲間と共有したい。こうした思いがこめられていたのではないだろうか(榎本恵理「道徳教育に向けての基礎的考察」)。

そう考えれば、宣長が遺書に記した死後の歌会の意味も、理解できるように思われる。

寛政一二年(一八〇〇)七月、死の前年に、宣長は奇妙な「遺言書」をしたためた。よく知られているように、そこには、山室山に選定した自身の墓地の造作や葬儀に関する詳細な指示を記している。実はそれに加えて、死後の歌会についても書き残していることが注目される。自分の祥月に、門弟たちが会衆して歌会を開催するよう命じた。床の間には還暦時の自画像(「しき嶋のやまとごころを人とはば　朝日ににほふ山ざくら花」の自賛付き)を掛け、その前に霊牌と愛用の机(いずれも桜木製)を配し、酒と膳をそなえ、歌会の開催を要請したのである。自画自賛の像を囲んで、門弟たちが酒食をともない詠歌する。あたかも生きた宣長がそこにいるかのようなしつらえである。宣長は、歌会のその共同の現場に、自ら降霊したい、否、それができる、そう信じたにちがいない。

『古事記』には、人は、貴賤を問わず善人悪人を問わず、死後にはけがれた「黄泉の国」に行くことになるとあり、宣長はそれを「いと悲しき事」と嘆いている(『玉くしげ』)。死への不安や恐怖があったにちがいない。その恐怖から逃れるために、宣長が最後に託したものが〈和歌の力〉であった。和歌しかなかったというべきだろう。かれにおいては、和歌は、時空を超え生死の境を超えて、人と人をつなぐ〈メディア〉であった。

3　宣長の知のメディア

書斎の知識人

宣長の言語論は、先にみたように音声言語主義であった。和歌は声に出して詠まれ、歌会は歌を詠む共同の空間であった。声の音を共有することで人は共感できる、そう考えて、宣長は詠歌の実践を怠らなかった。さらに『古事記』から古代の声のことばの復元に努め、音韻論に関する著作も執筆している。

鈴屋の書斎(本居宣長記念館蔵)

では、かれは書斎において何をしていたのか。鈴屋は、二階に増築された四畳半ほどの小部屋をもつ。そこにいたる階段は自在に取り外しができる仕掛けになっていた。階段を外せば日常の生活と隔絶した宣長独りの空間になる。そこでかれは、来る日も来る日も古文献の研究と執筆に明け暮れていた。もとより『古事記伝』もこの空間で執筆された。多くの古文献を渉猟し、『古事記』の読みと解釈を確定するこの注釈作業は、独りする地道な学問研究そのものであった。宣長の「古学」という学問は、文字で書かれた古文献をもとに形成され、文字(和文)を通じて表現され、著作として発信された。こうみてくれば宣長もやはり、文字を通して思索する知識人であり、「書斎の人」であった。

また、宣長は自著出版に熱心であった。生前出版した著作は三〇を超えている。『石上私淑言』(全三巻、巻三は未完)や『秘本玉くしげ』(藩主の私的諮問への応答)のように、出版を想定していない若干を除けば、主要著作は自らの意思で出版に付された。出版にあたっては、自らの美意識にしたがって、装丁や表紙や紙の色にもこだわりをみせ、入念な準備を惜しまなかったという。

版元はおおむね伊勢の柏屋兵助《かしわやへいすけ》、名古屋の永楽屋東四郎《えいらくやとうしろう》、それに京都の銭屋利兵衛《ぜにやりへえ》、いずれも名だたる書肆であった。版下はこれらの書肆に送られ、彫刻以下の工程いっさいは書肆の手に任せられていた。売れ行きは良かったようで、版木が高値で売買された(本居宣長記念館編『宣長の版本』)。宣長本はもうかる商品だと思われていたのであろう。『古事記伝』は、初帙(最初の五巻)が寛政二年(一七九〇)、第二帙(巻六〜巻一二)が同四年(一七九二)、第三帙(巻一三〜巻一七)が同九年(一七九七)に刊行された。これで『古事記伝』「神代巻」の刊行は終えることができた。第四帙以後の刊行は宣長没後のことであったから、神代巻の刊行をことさらに急いだのであろう。また『古事記伝』が完成した寛政一〇年(一七九八)に初学者向けの入門書『うひ山ふみ』も脱稿し、翌年に出版している。

このように、出版は、宣長にとって重要な知の発信メディアであった。そう考えると、遠隔地の門弟に対して、書簡のやりとりでの学問指導をいとわなかったことも理解できよう。今でいう通信教育である。しかも声で詠むはずの和歌の、書簡を通した添削もいとわなかった。歌会とは異なる和歌に対する向き合い方である。

つまり実際には、宣長は文字のメディアを大事にし、また存分に活用していたと言わねばならない。

声と文字の相克

この点、伊藤仁斎の古義堂(同志会)と比べてみれば、その特徴がよくわかる。仁斎にとっては、同志たちとの学びの場の共有が第一であった。直接顔を合わせた同志らと繰り広げられる講習討論が、知を生み発信する現場と意識されていたからである。一同が会する点では、宣長の歌会とさして異なることはないかにみえる。しかし仁斎の学問の現場は、一方向的な講釈ではなく、相互性が重視されていた。討論の成果は仁斎の著作に組み込まれ、そのアップデートが生涯続けられた。仁斎は、出版という形で己の学問を「固定化」するつもりはなかったのである(第三章)。

繰り返すが、宣長の思想基軸は、「感じる心」を人の本質ととらえる主情主義的人間観にあった。その人間観では、声のことば、とりわけ詠じる和歌こそ、己を他者につなぐ力があると確信していた。身体性をともなった声こそ、宣長の思想のメディアであった。しかしまた、「古学」という思想言説を立ち上げた宣長の学知は、文字による文献研究の成果であり、出版という形で発信された。つまり宣長自身の知の発信メディアは、声ではなく、あくまで文字と出版だったのである。

そのことは、宣長の思想の受容者が、松坂や京都などの、和歌を嗜む都市町人という教養人層であったことと不可分であった。ここに、宣長の知における「声と文字の相克」の複雑な様相がうかがえる。本章冒頭では、宣長を「声の復権」の系譜に位置づけたが、必ずしも正確ではなかったのかもしれない。その系譜に直接的に連なるのは、宣長国学を継承したと自認する平田篤胤であった。

4　平田国学における声と文字

平田篤胤――宣長没後の門人

平田篤胤(一七七六―一八四三)は、安永五年(一七七六)、秋田佐竹藩の大番組頭の大和田清兵衛《おおわだせいべ》祚胤《えとしたね》の四男に生まれた。詳細は不明だが、薄幸の幼少期を送ったらしい。二〇歳で秋田を出奔し江戸に出た。江戸でも苦難は続いたようである。その間、篤胤がいかにして知を獲得していったのか、その修学の過程もよくわからない。系統的に学問を修めたとは思えない。しかし後の著作類を見る限り、幅広い知識を身につけ、学問への強い志がうかがえる。独学のかたわら、江戸内外で多くの人たちと交わり、思想を形成したのであろう。その力量が認められたのか、二五歳の時に、備中松山藩士で兵学者の平田藤兵衛(五〇石)の養嗣子になった。

篤胤は享和三年(一八〇三)、宣長の『直毘霊《なおびのみたま》』を読み、深い感銘をうけた。しかしすでに宣長没後のこと。そこで篤胤は、夢のなかで宣長と対面し師弟の契りを結んだ、と言いつのり、宣長長男の本居春庭《はるにわ》に願い出て鈴屋門に加えられ、「没後の門人」を名乗った。

篤胤は、宣長の何を継承し、何を継承しなかったのか。少なくとも、主情主義的な「もののあはれ」論は継承しなかった。宣長の人間観は上述の通り和歌から出てきたものだが、篤胤はもともと和歌への関心が薄かった。宣長の学は教養ある都市町人層に受け容れられたが、篤胤を支持したのは、後述のようにおもに地方の庶民、とりわけ地方名望家層であった。よって立つ社会的基盤が、宣長とはよほど異なっていた。

篤胤の関心事は、霊魂の行方にあった。人は死後どうなるのか、という問いである。宣長は、死後について積極的な言及もなければ、死後の救済論を説くこともなかった。では、篤胤はなぜ死後の世界に目を向けたのか。

『霊能真柱』——霊の行方と「安定」

平田篤胤肖像(『明治維新と平田国学』国立歴史民俗博物館, 2004年)

篤胤の国学は、文化九年(一八一二)の『霊能真柱《たまのみはしら》』の著述によって姿を現してきた。それは、宣長門の服部中庸《はっとりなかつね》が著した『三大考《さんだいこう》』を前提としている。

『三大考』とは、記紀にあらわれる「高天原—中つ国—根の国」という神話世界を「天—地—泉」の垂直構造の生成過程と重ね合わせて解釈し、それを記紀の神々と対応させて説明するこころみであった。天は太陽、地は本ッ国の日本、泉は月に対応させ、天照大神、大国主神など、記紀神話では錯綜して語られている神々を秩序づけ、国学的宇宙生成像——一種のコスモロジーを図で示してみせたのである。宣長は、中庸の『三大考』を『古事記伝』一七之巻、付録に掲載して称揚した。

篤胤はこの『三大考』に鋭く反応して、『霊能真柱』を著した。そこでの主題は、「天—地—泉」の生成過程そのものより、それを通じて死後の「霊の行方の安定《しずまり》」をはっきりさせ、死後の安心を説くことにあった。結局それが、篤胤国学の骨格をなし、神道の体系化と宗教化につながってゆく。

篤胤がなぜ死後の世界にかくも強い関心を寄せたのか、それは、かれの思想の核心的動機に関わる。要は、人々の心(民心)の〈落ち着きどころ〉を追い求めたからである。そのためには、人は死後どこに行き、そこでどうなるのか、それを明らかにする必要があった。

篤胤の危機認識

では、篤胤には民心の落ち着きどころがなぜ問題であったのか。その背景に、同時代に対するかれの危機認識があった。大きくは二つ。内には、一八世紀後半以来あらわになってきた在来的社会秩序の解体の進行、そして外には、西洋諸国の圧力への危機。いわゆる「内憂外患」である。

社会秩序が崩壊していく日常は、民心に限りない不安を呼び起こす。現に一八世紀末の幕府の寛政改革は、天明の大飢饉と一揆や打ちこわしが頻発する現状を前にした、思い切った対応であった。幕府は、民心に正面から向き合い、その安定化を政治の最大の課題ととらえていた。それを主導した松平定信は、東北地方に無数の死者を出した天明の大飢饉を体験し、それを乗り越えた君主であった(第五章)。

篤胤の国学が出現するのは、そのすぐ後の化政期(一九世紀前期)である。その時期には、天明寛政期から続く社会秩序の崩壊がさらに進んでいた。それに加えて、北方からのロシア、次いでイギリスの「外患」も重くのしかかってきた。

欧米列強の接近

秋田出身の篤胤は、北方から迫りくる外圧に際立って強い関心を持ち、情報収集に努めていた。集めた情報を克明に記録したノートが多く残っているが、なかでも「千島白波《ちしまのしらなみ》」は詳細で、かつまとまっている。ロシア語の原文資料まで入手し、蝦夷地方面を探検した最上徳内《もがみとくない》や近藤重蔵《こんどうじゅうぞう》とも接触して、情報を得ていた。ラクスマンの根室来航(一七九二年)、レザノフの長崎来航(一八〇四年)と樺太・択捉攻撃(一八〇六―一八〇七年)といった時期に書かれた「千島白波」は、かれがロシアの脅威をいかにリアルにとらえていたかを物語っている(宮地正人『歴史のなかの『夜明け前』』)。

西洋列強からの外圧は、宗教が絡む問題と認識されていた。民衆の心に侵略してくるのがキリスト教である、という耶蘇邪教観が、鎖国以来の共通認識であり、それへの警戒感や恐怖心がつねにあった。他方、蘭学を通じた地動説などの西洋科学の情報は、日本の既存の世界観を刺戟し動揺をもたらした。服部中庸の『三大考』も西洋天文学に触発されて著されたものだった。篤胤もキリスト教への関心がことに強く、その情報を『本教外篇』にまとめている。篤胤の幽冥観形成に、キリスト教の強い影響が認められることは、つとに指摘されている。キリスト教の民心への侵略を阻止するために死後安心論は不可欠である、というのが篤胤の考え。平田国学が宗教言説に傾斜していくのも、自然のことであった。

ちなみに、「内憂外患」という篤胤の危機感は、時を同じくして登場した後期水戸学にも通底していた。後期水戸学もまた、「内憂」と「外患」いずれをも民心をめぐる問題として統合的にとらえ、天皇中心の国体論を唱えることでその克服をめざした。会沢正志斎《あいざわせいしさい》の国体論は、耶蘇邪教に民心が奪われないための国家神学の体系として構築されていた。ただ、国体論は、記紀神話を儒学の概念と言葉で語った宗教体系をそなえていた。そのため後期水戸学は武士層の心をとらえ、尊王攘夷の政治運動の思想的根拠となった(辻本雅史『近世教育思想史の研究』)。いっぽう、篤胤国学は、記紀神話を読み解いた宣長の古道論をもとに神道教学を展開し、「草莽の国学者」たちをうみだすことになる。

5　講釈講説家・篤胤の登場

神職支配をめぐる吉田家と白川家

平田国学を受容した人たちについてみておきたい。結論から言えば、直接的には地方の神社の神官たちであり、間接的にはその背後にいる地方の指導者たちであった。

江戸時代の神職を統括していたのは、吉田家と白川神祇伯《しらかわじんぎはく》家である。白川家は、神祇伯として朝廷祭祀を担当し、伝統的権威を保持する名門である。他方、吉田家は江戸幕府とつながり、全国の神職を統括する立場を確立していた。白川家は、幕府につながる吉田家に長らく抑えられてきたが、近世後期になると地方の神官に影響力を強めていくようになった。そうした動きのなか、白川家は、篤胤に協力を求めてきた。篤胤は宣長の古道論をもとに、新たな神道的世界観を唱道していた。白川家は、篤胤のこうした神道を自らの教義に取り込もうとしたのである。文化五年(一八〇八)以降、篤胤は白川家配下の神職らに古道の講釈を行うようになった。

対する吉田家も、篤胤の取り込みを狙ってきた。文政六年(一八二三)、篤胤に吉田家の「学師」就任を依頼してきた。これにより篤胤は、吉田家配下の神官教諭の立場も得ることができた。吉田家は江戸・関東方面に神官を多くかかえていたので、江戸で存在感を示していた篤胤の取り込みが必要だったのであろう。吉田家ではもともと儒家系の吉川《よしかわ》惟足《これたり》の影響もあり、近世には闇斎朱子学系の神道(垂加神道)が主流だったが、白川家に対抗するために、平田国学の神道理論にすり寄ってきたのである。篤胤側からみれば、白川家だけではなく、吉田家の神道世界にも食い込み、勢力を拡張する好機とみえたはずである(遠藤潤『平田国学と近世社会』)。

講釈家・篤胤

文化八年(一八一一)ころ講本として整えられた『古道大意』全二巻は、篤胤が「古道」にもとづく神道教義を語った講釈を、口語のままに筆記したものである。その冒頭に「平田篤胤先生講談　門人等筆記」とある。篤胤は、講説家として登場してきたのである(子安宣邦『平田篤胤の世界』)。

「神代ノアラマシ及ビ神ノ有ガタキ所以ナドハ実ニ廿日ヤ卅日息モツカズニ申シタレバトテ中々以テ其御徳ノ尊ク妙ナル謂ノソリャ万分一モ演説イタシ尽ルルヤウナ事デ無デゴザル」(『古道大意』)といった調子で、語りの文体で筆録されている。ただし聴講した門人による聞書きというより、篤胤自身の手になる可能性もあるようだが(子安前掲書)、いずれにしても篤胤の講釈のさまを反映していよう。

篤胤の講釈は、その他にも『俗神道大意』全四巻(万延元年〈一八六〇〉)、『歌道大意』一巻、『志都能石屋』全二巻、『西籍慨論』全四巻(もと「漢学大意」と題した講釈)、『出定笑語』全四巻(もと「仏道大意」の講釈)など、「大意物」と呼ばれる一連の筆録が残されており、それらは篤胤没後に門人たちの手で出版された。

講釈聞書本

口語体の講釈聞書本と言えば、先に取り上げた山崎闇斎の講釈筆記と石門心学の道話聞書本とが想起される。闇斎の場合は、特権的な語りのパフォーマンスの講釈であり、それは閉じられた学派内での高度な知であった(第二章)。他方、心学道話は、「言句」で伝えられない「悟り」を不特定多数の聴衆に口語で伝える「マス・ローグ」の語りであった(第五章)。では篤胤の講釈の場合はどうだったのか。子安宣邦は、「受け手として民衆をも包括する一般的な聴徒の存在を予め織り込みずみの言説」であるとし、心学道話との近さをいう(子安前掲書)。

篤胤の語りの対象は、おもに各地の神官とその門人たちであった。神官は、一定の教養をそなえた地方の知識人であり、その周辺には、神官と文化的教養と宗教的信仰でつながった知的中間層の人たちが、必ず一定数いた。かれらは、経済的にも比較的恵まれ、地域における一定の地位をもつ人たち。民衆への指導力をそなえた地方名望家層といってもよい。かれらが地域の氏子を代表し、物心両面で神社とその信仰を支えるような構造が、全国にあった。

篤胤がこうした人びとに語る講説には、記紀神話や宣長の『古事記伝』、中庸の『三大考』に加えて、篤胤自身の『霊能真柱』『古史成文』『古史徴開題記』など、依拠するテキストがあった。それらのテキストを読み解き、新たな意味を与えて、神々の世界を再構成する神道の語りであった。そう考えれば、篤胤の講釈は、闇斎のそれに近い、限られた門人たちへの高度に知的な語りであったと考えてよい。

ただ、ここで重要なのは、宣長と中庸が文字や図像で伝えた神々の世界を、篤胤は声によって表現し講釈したということである。ここには、文字から声へのメディア転換があり、それがさらに聞書本として、再び出版に戻されたのである。ただ、篤胤の講釈聞書本が実際に出版に付されたのは、いずれも天保一四年(一八四三)に篤胤が没した後のことだった。この意味を次に考えてみる。

篤胤にとっての出版――『古史成文』がめざしたこと

篤胤は、みずから各地に赴いて精力的に講釈活動を重ね、門人を増やしていった。常陸、下総、上総や越後、三河など、複数回足を運んだところも少なくない。いずれも現地の神官たちとのネットワークに沿っていた。声の語りが、篤胤の知を伝える方法であった。

他方で篤胤は、著書の出版にも積極的であった。篤胤生前の出版は、没後の出版に比べれば二割程度で、さほど多くはない。それでも『新鬼神論』(文化二年〈一八〇五〉成稿、翌年出版)を手はじめに、出版順に『霊能真柱』(文化九年〈一八一二〉成稿、翌年出版)、『古史成文』(文化八年〈一八一一〉起稿、文政元年〈一八一八〉「神代部」出版)、『古史徴』(文政元年〈一八一八〉出版)、『古史徴開題記』(文政二年〈一八一九〉成稿・出版)、『玉襷』(文政一一年〈一八二八〉以降順次出版)と続いた。いずれも篤胤の学の核心をなす著述である。

まず『新鬼神論』(後に『鬼神新論』と改題)は、鬼神(神、人の霊魂も含む)の実在を、朱子学批判を通して論証した著作。世界を根源的な「理」で説明する朱子学は、論理的には「無鬼論」

(一種の無神論)となるが、それでは現に行われている儒教の先祖祭祀が説明できないことになる。篤胤は朱子学のこの矛盾と虚妄を衝き、信仰の前提となる神々が実在することを論じたのである(子安宣邦『鬼神論』)。『霊能真柱』は、世界の生成とその中心に位置する日本創生の過程を、図を付して説き、併せて顕幽論(生者の「顕明界」と死後の「幽冥界」)を明解に論じて死後安心論を展開し、平田国学の輪郭を明確にした。『古史成文』『古史徴』『古史徴開題記』は、『霊能真柱』で提示した平田国学を根拠づけるためのテキストの編集とその注釈および解説である。自己の説の正当化のためには、強引なテキストの改編や捏造に近い作業も、篤胤はあえて辞するものではなかった。

なかでも『古史成文』は、かつてあったはずの「正しい」神話を復元する作業だという。記紀の二書は錯誤や誤伝を含み、神話を完全には伝えていない。そこで異説・異本や祝詞など古文献類を広く参照し、正しい、一貫した「古史」を確定する。その意味で篤胤にとっては、「真正のテキスト」の確定作業であった。見方をかえれば、まことにアクロバティックな著作といってもよい。

同書は、駿河の門弟・柴崎直古《しばさきなおふる》の家に滞在中、文化八年(一八一一)一二月五日から同三〇日深夜まで、神がかりのような集中力で執筆された。『古史成文』執筆自体が、『霊能真柱』という平田国学の核心的教説の形成過程そのものでもあった。その後の大著『古史伝』全三七巻は、この『古史成文』に対する篤胤の精魂を傾けた注釈書で、もとより宣長の『古事記伝』に倣った作業。フレームアップまがいの作業を経て確定した、『古史成文』という「真正」のテキストを正当化するための注釈行為が、『古史伝』であった。

こう考えてくると、篤胤にとって著作出版は、自らの講説の根拠を示すテキストを確定し広めていくという意味があったといってよい。声による語り(講釈)こそ、篤胤の思想表現の本体であり、知の伝達メディアであった。ここでも、本質的には「書斎の人」であった宣長とのちがいは、小さいものではなかった。

門弟たちにとっての出版

注目すべきは、篤胤の著書出版自体は、門弟たちが主体となって担ったという事実である。げんに主著『霊能真柱』の出版は、二〇名ほどの門弟たちが出資する「入銀」という方法によって実現した。篤胤には、宣長における永楽屋のような、資本を持つ出版書肆が背後にいたわけではない。上述の「大意物」と呼ばれる講釈本の大半も、学問塾・気吹舎《いぶきのや》の私家版であり、門弟たちの拠金でなされた。自ら出資してでも篤胤の本を出したいと願う熱い門弟たちが少なからずいた。もとより利益を度外視した活動であった。では、かれらはなぜ篤胤本の出版に熱心に協力したのか。

篤胤は、民衆の日常生活を、俗信とも思われる精神世界も含めて、まるごと引き受けた。男女の生殖から農耕やさまざまな生業、地域の町村の祭礼や神々との交わりにも、かれは共感し理解を示した。死後の霊の行方と先祖との交わりは、民衆の今の生を支える根幹をなすものであった。篤胤はその民衆の感覚に寄り添い、それを取り込んだ。民衆への共感をもとにして、かれらの俗信や祭礼を、建国にも関わる記紀神話の神々の系譜や文脈とつないでみせた。『古史成文』の編纂とその注釈書『古史伝』の執筆は、その作業にほかならない。異界(幽界)と往来していたという怪しげな少年・寅吉からの聞書きを『仙境異聞《せんきょういぶん》』(文政五年〈一八二二〉)と題して著したのも、俗信への共鳴があってこそのことである。

要するに、猥雑とも見える民衆の信仰世界を、宣長らが明示した朝廷の正統の記紀神話の世界とつなぎ、それを神道の教義の形に再編してみせた。こうした新たな宗教的言説を、神官や地域の名望家層に向かって、熱く語ったのである。

地域の民衆生活と共同体の秩序維持に責任をもつ名望家たちが、篤胤の宗教=神道の語りに飛びついたとしても、不思議ではない。商業ベースに乗らない篤胤の著書出版に、身銭を切って助力を申し出るのは、こうした思いからであったろう。平田国学を学ぶだけでなく、その広がりに主体的に関わっていこうとする活動といってもよい(吉田麻子『知の共鳴』、桂島宣弘『思想史の十九世紀』)。

メディアの駆動力

天保末年(一八四三年ころ)、篤胤の門人数は五〇〇名を超えた。その分布も江戸近辺から上総、下総を中心にしつつも、全国に広がりをみせていた。その後も、気吹舎の門人は増加の一途をたどり、幕末には四〇〇〇名にも達した。

遠隔の門人たちは、篤胤の講説を直接聴くことができるわけではない。多くはかれの著書を取り寄せて学ぶことになる。その場合、同志的な仲間との共同の読書会や学習会がいとなまれた。学ぶためのテキストを、自分たちの手で出版する。このようにして、篤胤本作りに喜んで協力する門人たちが現れてきた。とすれば、篤胤の著書が漢文で記されることはありえなかった。じかに篤胤の講釈に接することのできない門人にとっては、師の肉声が再現され、内容も容易に理解できる聞書本のような、平明な口語の和文である必要があった。

平田国学は、記紀神話の神々と民衆の信仰とをつなぐ論理を提供した。地方の名望家層からすれば、みずからが天皇の政治世界につながる回路が開かれたことになり、かれらは主体的に政治に参加する意味に気づくことができた。崩壊した社会を回復する道は、天皇をいただく古道の世界を復活させたその先にある。こうしてかれらは、尊王論者として政治的自覚をもち、社会変革を志す政治主体へと成長していくことになった。

こう考えてくれば、講説家・篤胤の講釈と著作の出版が、篤胤の知の発信であった。加えて、門人たちによる篤胤本の出版が、平田国学を政治運動に展開させる駆動力となった。時代の課題を担い歴史的に意味ある思想は、人や社会を動かす力をもつ。ただしそのためには、たんに思想の表明で完結するのではなく、それを発信し、それを伝えるメディアが駆動しなければならない。

かれらがやがて「草莽の国学者」として、激動する幕末の政治情勢のなか、民衆を基盤とした尊王攘夷の政治運動の一翼を担うことになった。島崎藤村が描く『夜明け前』の世界である。篤胤本は、平田国学が地域を越えて力強く普及していく駆動力であったといってよい。

終　章

江戸の学びとその行方
——幕末から明治へ

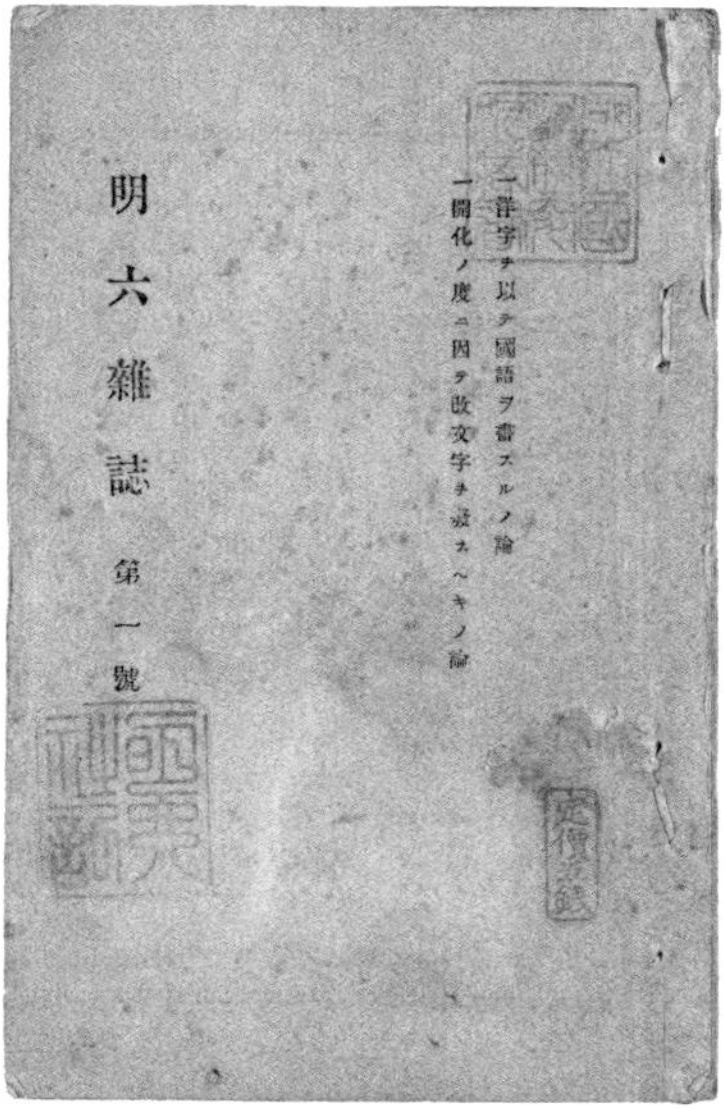

『明六雑誌』第1号表紙(国立国語研究所デジタル画像)

江戸の学びの視点から

儒学を学んだ江戸の思想家たちは、幕末以降、明治にかけて西洋近代と出会った。かれらは、西洋近代の知にいかに向き合い、それをいかに受容していったのか。この問題を、江戸期に学んで自己形成をし、明治期に活躍した洋学系知識人に即して検討してみたい。

日本における「思想史の近代」は、これまでは、儒学に代表される江戸の旧い封建思想から離陸して、いかに西洋型思想の軌道に乗ったのか、という過程として語られることが普通であった。その典型例として福沢諭吉(一八三五—一九〇一)をあげることに異論はないだろう。福沢は、前代の封建的身分制と儒教思想を否定し、欧米近代文明の紹介と精神の近代化をめざして、旺盛な啓蒙活動を展開した。丸山真男の評価をまつまでもなく、福沢は、日本における思想の近代化を体現した知識人であった。

しかしそうした評価は、近代の側から見たものである。江戸時代の思想を見てきた本書では、江戸の側からはどのように見えるのか、いいかえれば、江戸期の学びの伝統は思想の近代にいかなる意味があったのか、その点にこだわりたい。その問いは、結局、本書の冒頭の、唐木順三が提起した「型の喪失」の意味を、改めて考えることにもつながるだろう。

1　明六社――漢学世代の洋学受容

明六社の創設

「明六社《めいろくしゃ》」という学術結社が明治六年（一八七三）に結ばれた（正式な発足は翌一八七四年）。社長には、発案者の森有礼《もりありのり》が就いた。福沢諭吉が固辞したためである。森有礼（一八四七―一八八九）は薩摩藩士で、幕末に密出国してイギリスに留学し、その後アメリカに渡り、キリスト教の新興の信仰共同体に属した時期もあった。明治維新を機に帰国し、外務省に出仕した。伊藤博文は森のことを「日本産の西洋人」と評したが、それは森のふるまいだけではなく、思考法も欧米流であったことを意味していよう。後に森は、初代伊藤内閣の文部大臣に就任して、学校令体制を構築し、日本の近代学校教育の大枠を固めた。

明六社当初のメンバー（「立社ノ本員」）は、洋学に通じた当時の第一級の知識人たちであった。森・福沢のほか、西村茂樹《にしむらしげき》、加藤弘之《かとうひろゆき》、西周《にしあまね》、津田真道《つだまみち》、中村正直《なかむらまさなお》、杉亨二《すぎこうじ》、箕作秋坪《みつくりしゅうへい》、箕作《みつくり》麟祥《りんしょう》、神田孝平《かんだたかひら》らである。西村、加藤、杉を除けば、いずれも洋行経験者であった。多くは旧幕府の洋学機関（蕃書調所《ばんしょしらべしょ》、開成所《かいせいじょ》など）に関わった経歴をもち、福沢以外は政府出仕の官僚であった。このメンバーは、近代日本の政治や社会の枠組、いわば〈国家の形〉を設計した知識人たちであった。

年齢的には、最年長の箕作秋坪が文政八年(一八二五)生まれ、最年少の森が弘化四年(一八四七)生まれ。多くが一八三〇年代から四〇年代——ほぼ天保期前後の生まれ——で、唐木順三のいう「明治第一世代」のさらにもう一世代前、まぎれもなく「素読世代」であった。

明六社というメディア

明六社は、「我が国の教育を進めん」ための「手段を商議する」ことを目的として発足した(「明六社制規」)。活動の基本は、月二回の例会を行い、『明六雑誌』を発行することであった。明六社は、西洋の学者の「ソサエチー」、一種の学会を擬した学術結社であり、その雑誌はさしずめ学会誌にあたる。定期刊行物としての雑誌の発行という形態は、日本では初めてのことであった。知の発信の方法も西洋のそれに準拠したわけである。

例会では、発表者が聴衆を前に「演説」し、それを「書記」が記録する。文字化したその記録を、原則として『明六(社)雑誌』に掲載する。「演説」とは、福沢が speech の訳語として使い始め、慶應義塾などで先に試みられていた。だから明六社の演説も、それまでの講釈や講義とは本質的に異なる西洋式の談論スタイルと意識されていた。明六社という知識人集団自体が、例会とそこでの「演説」および機関誌(定期刊行物)も含めてまるごと、西洋近代文明伝達のためのメディアそのものだった(山室信一「『明六雑誌』の思想世界」)。

明六社の活動については、当時の新聞に「おびただしい数の記事が掲載」されていた(中野目徹「明六社と『明六雑誌』」)。知識世界の注目を浴びていたのである。例会への参加は、「立社本員」らの「定員」と「通信員」「格外員」「客員」で、あわせて三〇人ほど。例会の案内が「郵便報知新聞」に掲載され、三〇人限定で八銭の席料を取り、一般に開放した時期もあった。最盛期には例会参加者が五〇人を超えていたらしい(戸沢行夫『明六社の人びと』)。

『明六雑誌』の印刷は「郵便報知新聞」を発行していた報知社が請け負った。定価は四銭だが、号によって三銭から五銭と幅があった。部数は、森の演説によれば三二〇〇部(第二五号)だったという。当時の主な新聞が一万部内外であったことを思えば、定期刊行の学術誌としては破格の発行部数だったといえよう(中野目前掲書)。販売ルートは、定期購読者のうち、東京府下は直接配達、地方には郵送で配送された。そのほか報知社の売捌所でも売られ、東京と大坂にも取次所が五店あった。

掲載論文は、決して読みやすいものではなく、漢文調の難解な文章も含まれていた。読者はそれを解することができる人たちであったのだろう。欧米の文明を日本に浸透させようとする熱気に満ちた演説や論説が多く、それに惹かれた読者が、全国に相当数いたことを物語る。当時は大新聞《おおしんぶん》、小新聞《こしんぶん》が叢生し、近代の出版メディアがほぼ出そろってきた時代である。その言論空間に、初めての学術誌『明六雑誌』がひときわ異彩を放って登場してきた。

明治八年(一八七五)六月、政府は讒謗律《ざんぼうりつ》、新聞紙条例で言論出版統制に乗り出した。統制のターゲットは自由民権運動の高まりであったが、大半が官員であった明六社内で、出版の可否をめぐって意見が分かれた。そのため、『明六雑誌』は第四三号(明治八年一一月刊)をもって発行を終えた。

江戸時代に儒学の知を身体化していた明六社知識人が、いかに西洋近代の学知に向き合ったのか、以下、二人の例を取り上げて考えてみよう。

2　中村敬宇

ロンドンでの素読

明六社の主要メンバーの一人であった中村正直(号は敬宇《けいう》、一八三二—一八九一)は、漢学者にして洋学を修めた典型例である。敬宇は御家人の子で、幕府の昌平坂学問所に学び、二三歳の若さで同学問所の教授となった。生粋の朱子学者である。慶応二年(一八六六)に幕府派遣留学生の取締として渡英した。帰国後に洋学塾同人社を開いて若者に英語を教え、『同人社文学雑誌』を発行した。明治七年(一八七四)にはキリスト教の洗礼を受けている。後に東京大学教授、元老院議官、女子高等師範学校校長を歴任した。英国流自由主義思想を導入した啓蒙思想家として知られている。

敬宇は、ロンドン滞在中、素読を日課としていた。毎朝、客舎で『唐宋八家文』『左伝』『史記』などを声に出して誦していたという。古典漢文は、かれには血肉化されていたから、テキストは不要であった。役に立つはずもない漢籍の素読を、しかもロンドンの地で日々行っていた。それはなぜか。生粋の朱子学者であったかれの知的思考は、漢文の枠組でなされていたにちがいない。とすれば、日課の素読によって、異質な知に向き合うかれの思考は、研ぎすまされより活性化したのではないだろうか。加えて、あとで中江兆民についてふれるように、漢文言語は西洋近代の思考様式と親和性があったと考えられる。

中村正直(敬宇)(「近代日本人の肖像」国立国会図書館)

漢学廃すべからず

敬宇には「漢学不可廃論」(漢学は廃すべきではない)と題する論説がある。明治二〇年(一八八八七)五月八日、東京学士会院(文部省所管の学術団体、日本のナショナルアカデミー)での演説がもとになっている。それはあたかも、森文相の一連の学校令が出された翌年のこと。ドイツをモデルとした帝国大学令もその体制の一環であった。唐木のいわゆる「明治第二世代」の人たちが生まれたころでもあった。

敬宇は、学校令体制のもとで漢学が退潮していく現実を嘆き、漢学・漢文学習の重要性を主張している。いま朝野《ちょうや》で活躍する洋学者や要人たちは、いずれも漢学を学んできた人たちばかりではないか、という。また、自分の洋学塾で英語を教えるにあたり、漢学を教えるのをやめ直接英語のみを教えてみたところ、ある程度まで伸びても、難しいところで伸びが止まってしまう。さらに東京大学教授として教えた体験からも、「漢学の下地」がある学生は英学でも伸びしろが大きい。また洋行した留学生も、「漢学の下地」の有無でその後の成果に雲泥の差を生じる。その論説で、敬宇はそう断言する。漢学学習が後退する現実を目の当たりにして、みずからの体験をもとに、漢学の素養が(洋学学習の基盤としても)いかに重要か、確信をもって主張したのである。

次に、中江兆民の例で考えてみよう。

3　中江兆民

漢学の学び直し

中江兆民(一八四七―一九〇一)は土佐藩士で、森有礼と同年の生まれである。藩校で一通り儒学を学んだ。慶応元年(一八六五)、英学修業の名目で長崎に派遣されたが、かれはフランス語を学んだ。明治四年(一八七一)に岩倉使節団に随行してフランスに留学する機会を得て、そこでフランス共和制を理論的に基礎づけたルソーの思想にふれ、強烈な影響を受けた。以後、ルソーの思想を日本に紹介することに努め、のちに「東洋のルソー」と称された。兆民は、明六社には参加していない。その後も、自由民権左派の論客として、専制政府批判の論陣を張った。政府に出仕した経験もあるが、基本的には在野の言論人である。

フランス留学時代の中江兆民(『中江兆民全集』第1巻，岩波書店，1983年)

注目したいのは、兆民が帰国(明治七年〈一八七四〉)ののちに漢学を集中的に学び直したことである。経書に限らず、『荘子』を好み、仏典まで読み直した。兆民は、すでに漢文で読み書きできる漢文リテラシーを身につけていた。その兆民がルソーの著作にふれた後、なぜ改めて漢学を学び直したのか。漢籍を読み直し、みずから血肉化した知の枠組を再確認し、その思考をもとに、ルソーのテキストに向き合い、納得いく理解に達しようとしたからではなかったか(宮城公子『幕末期の思想と習俗』)。異質な知を、主体性をもって内在的に理解するために、兆民には一度みずからの知の原点に戻る過程が必要であった。

ちなみに、同じく土佐出身の民権論者で、兆民とも親交のあった馬場《ばば》辰猪《たつい》(一八五〇—一八八八)は、イギリス留学後、日記も含めて、英文で著作することを常とした。兆民とは対照的にみえる。馬場は、欧米の概念は欧米語でなければ正確に伝えられない、日本語での置き換えは困難だと考えていたようである。知はその言語の文脈のなかでなければ、正確には理解できないというのが、馬場の立場であった。馬場は、知的な思考は英語で行っていたにちがいない。かれとの比較でいえば、兆民は、漢学の知の普遍性を確認し、漢学的思考をもとに、ルソーを理解したということになる。

『民約訳解』の漢文翻訳

兆民はフランスからの帰国直後、ルソーの『社会契約論』を『民約論』と題して、漢字カタカナ交じりの和文に翻訳した（抄訳）。この『民約論』は出版しないままであったが、草稿が周辺の者によって筆写されて広がっていたらしい。その後、自らの仏学塾で創刊した『政理叢談』誌に、「民約訳解」の連載を始めた。「民約訳解」はルソーの『社会契約論』を漢文で翻訳し、それに兆民が漢文の「解」（解説やコメント）を付した文章である。先に漢字カタカナ交じり文の翻訳をしていたのに、なぜここでは、漢文による翻訳になったのか。

それを考える前提として、訳出の時期に注目したい。明治一五年（一八八二）八月に連載が開始された（翌年九月まで）。ちょうど自由民権運動が最高潮に達する時期に重なっている。その前年一〇月に「明治一四年政変」で大隈重信らが罷免され、あわせて「国会開設の勅諭」で明治二三年の国会開設が決まった。それを機に、民権派は政党結成に走り、来るべき憲法構想を語り始めた。こうした政治状況のなかで、兆民は、自由党系の民権論者として、本書を訳出したのである。

民権活動家を支えた自意識は、儒教的な「志士仁人《ししじんじん》」意識であった（宮城前掲書）。「志士仁人」とは、『論語』の「志士仁人、無求生以害仁、有殺身以成仁」（衛霊公篇。志士仁人は命惜しさに仁をそこなうことはしない。命を賭しても仁を成す）に由来する。欧米近代の「自由」「民権」を求める政治主体は、素読で自己形成した「志士」（『孟子』滕文公篇）たちであった。かれらにとって、漢文こそ経世済民を語るに親しい文体であり、またそれにふさわしい思考言語であった。

そもそも漢文は、至極簡潔な漢語を重ねて文脈をつくる。日本語の「てにをは」にあたるものがないから、論理的でなければ文脈ができない。漢文は、論理的な文章を構成するのに適していたのである。飛鳥井雅道は「漢文は兆民にとって、論理的思考を展開するための実験的言語」だったという(『中江兆民』)。

また、ここで漢文が、経世済民を語る文体にふさわしいというのは、漢語の多くが古典漢籍に典拠をもっていたということと関係があるだろう。古典に典拠をもつ漢語の裏には、膨大な解釈や意味が圧縮して込められていた。

たとえば『民約訳解』に頻出する「民主」の語は、『書経』や『左伝』などに多く見える。ただし「民の主人」という意味で、おおむね君主のことを指すが、少なくとも漢文に習熟した者には目新しい語ではない。その意味内容を換骨奪胎した使い方である。頻用される「君」(君主)も、「君者何、衆身之相合者是已、君権者何、衆志之相同者是已」(『民約訳解』巻之二。君主とは皆の身の合体、君権とは皆の意思の同じくするもの)というのも、「君」の意を換骨奪胎した解釈である。また冒頭の題目「民約一名原政」(「民約」と題しながらわざわざ「原政」の別名も与えている)の「原政」は、韓愈の「原道」(第二章参照)に倣っている。ほかにも「徳」「信」「士」「民」など経書でおなじみの用語が訳語に充てられている。

ともかく、経書や古典漢籍の用語をふんだんにちりばめた『民約訳解』から、素読世代の読者は何をイメージし、何を読み取るだろうか。典拠となった経書の文脈に引きずられるような理解は避けがたい。とすれば、素読世代に伝わる『民約訳解』の理解は、それ以後の世代とは、おのずから質が異なったものとなるだろう。自前の知にもとづく学びであるぶん、表層の理解をこえて、より主体的で内在的な学びとなったはずである。あえていえば西洋近代を、身体レベルで自家薬籠中のものとすることができたのではないか。「志士仁人」は、こうした政治意識に富んでいたのである。

このように考えてくれれば、兆民はだれに向かって『民約訳解』を書いたのか、もはや明らかであろう。決して不特定多数の民衆ではない。直接的には、「志士仁人」の意識をもつ自由民権の活動家たち(民権志士)である。さらには素読的教養をもつ読者も想定していたであろう。ちなみにルソーが構想した共和制は、自律的市民(citoyen)に依拠するものであった。兆民は、そのcitoyenに「民」や「市民」ではなく「士」の訳語を与えていた。

東洋儒学の伝統的な思考型をベースにしてルソーを理解した兆民には、「東洋のルソー」という名がふさわしい(米原謙『兆民とその時代』)。あわせて、中国の政治を担う伝統的知識人の系譜に連なる「最後の士大夫」という名も贈りたい(宮城前掲書)。

4 「型」と自己形成

自己形成の拠り所

ここで再び、序章で論じた唐木順三にもどってみよう。唐木は、「型を喪失」した「明治第二世代」の脆弱性を指摘したが、喪失したというその「型」については、「身体的な動作」に言及するほかには、具体的にふれるところがなかった。本書では先に、中村敬宇と中江兆民に即して、漢学が思考の基盤をなしていた、そして身体化した自前の知の文脈にもどして、西洋近代を主体的に理解し受容していった、と想定してみた。

唐木のいう「明治第二世代」の自己意識の脆弱性は、その世代固有のことというよりも、「型」を喪失した近代日本の〈知のつくられかた〉にも持続的に持ちこされた問題であった。とすれば、ここで問われるべきは、江戸儒学の知における自己意識の特質であろう。それが唐木のいう「型」のもつ意味を明らかにしてくれるはずである

素読は、漢文テキストを丸暗記する行為だから、「己を空しくする体験」そのものである。だからこそ、自己形成以前の子ども期にふさわしい学習とされた。素読という聖なる古典の身体化の学習において、実現すべき〈自己〉は、自らが身体化した古典の内部にある。そうした

「身体感覚」をともなって、〈自己〉が形成されていく。いっぽう己の身体は、天地自然に包摂された生命体の一つとして存在している。貝原益軒が、身体の正しい技法を「礼」ととらえ、「礼」に従うことが人間形成の根幹をなすと考えたのは、この意味である。その前提に、益軒には、「礼」は天地自然の秩序にもとづいてつくられた規範であるという確信があった(第四章)。ここにおいて、益軒の「礼」は、唐木のいう「型」にほぼ重なってくる。規範的な身体動作が「型」をうみだしているのだから。

そこには、自分一個の〈小さな自己〉を超えた、普遍につながる〈大いなる自己〉が想定されている。儒学ではそれを「道」と表現して、「道」に達することが学問の目標とされていた。〈大いなる自己〉を身に体することが、ゆるぎない「強靭な主体」を支える。本書でみた個々の思想には、「道」を何に定めるかのちがいはあるが、「道」をめざす学びが「学問」として求められ、その学びはいずれも〈知の身体化〉をともなっていた。ここではこの点を強調しておきたい。〈身体化された知〉をとおして、人は自然世界の全体(普遍)とつながることができるという感覚があり、そこにゆるぎない確信がうまれる。闇斎学が求め続けた「心の確立」とは、「天地の理」(普遍)と一体化したこうした「強靭な主体」にほかならなかった(第二章)。

明治第二世代の「教養主義」は、西洋の近代的自己を各人固有の「個性」にみいだし、その内面を近代読書、すなわち黙読によって内容を理解する読書によって満たしていこうとした。

そこに身体性をともなった「型」が入る余地はなかった。こうした「教養主義」の系譜は、実は弱々しくなりながらも、いまも学校教育の知を規定している。

もとより、江戸期の知識人たちが依拠した古典漢籍や記紀の神話が、いまの私たちにリアリティをもって受けとめられるとはとうてい思えない。またそれがよいとも思いにくい。つまり江戸知識人の「型」を、いま単純に復活することは現実的ではないだろう。とすれば、私たちは、「型」に代わる自己の拠り所、つまり価値の根拠を、どこに求めればよいのか、それが問われている。かつてのように、国家ではありえない。また科学の限界もとっくに見えてしまった。

地球環境危機のなかで

人類はいま、地球環境の危機に直面している。日本を含め、これまでの東アジアの思想が拠り所にしてきたのは、「天地自然」であった。天地自然とは、自らを含めて、あらゆる生命をうみだす根源としての大自然のことである。とすれば、地球環境の危機とは、その大自然が、ひいては己自身が危機を迎えている、そうした事態を意味していることになる。

いま私たちは、自己と大自然との関わり方を、突き詰めてとらえ直す必要があるだろう。江戸の思想家たちには、自己を大自然に対する存在ではなく、大自然の内に組み込まれた存在としてとらえる視点と感覚があった。そしてまた、己の身体が、自分にいちばん身近な「自然」だと感じる感性をもっていた。多少の飛躍を承知で言えば、私が本書でいう〈知の身体化〉とは、つまるところ、自己が自然とつながるための方法のことであった。

朱子学は、天地自然を一貫する「理」に己がつながることで、本来の自己が回復できると考えた。仁斎は、天を体現した孔子との一体化に人倫日用の根拠を見出した。徂徠は、天にもとづいて文化・文明を創造した聖人(五経)を回路として人間社会の在り方を構想した。宣長や篤胤の国学は、天照大神のうちに天(天地自然)を読み込んだ。梅岩も含め、いずれもが天地(大自然)の根源性を認め、そこにつながることで自己を定位していた。とすれば、自己が天地につながる方法、それこそが江戸の〈学び〉であったといってよいだろう。

地球環境の危機は、私たち自身につながっている問題である。地球のどこかで起こっている他人事というより、私たち自身の身体の問題にほかならない。そうとらえる視点と感性が必要ではないだろうか。江戸の学びは、自然(天)と関わるなかで、豊かな身体感覚や感性を育て、それを通して他者とつながっていく知恵に満ちていた。その意味で、いま私たちが己の身体に関わる感性を活性化させ、自然とどう関わるか、ということを考える上で、江戸の学びと思想は示唆的である。

唐木のいう「型」を復権させるというよりも、身体を通して自然とつながる自己を鍛え上げる方向が、江戸の学びと思想が示唆するものであると思われる。

5　メディア革命と知の変容

近代の知のメディア

以上、江戸の学びを、〈知の身体化〉の文脈でみてきたが、最後に、本書のもう一つの主題である、知の語り方とその伝達メディアの行方について、考えておきたい。

文字の浸透と商業出版が「一七世紀日本のメディア革命」をうみだした。一九世紀後半、明治維新後の近代化の過程においても、メディアのこの基調に変わりはなかった。それどころか、学校教育は文字と出版のメディアの位置を、さらに盤石なものにしていった。江戸期の均質な文字文化と成熟した出版文化を前提として、明治初期の国家による学校教育の大事業は、はじめて可能であった。東京で印刷された教科書が、列島全域であまねく使えたことは、世界史的にみてもあまり例のあることではあるまい。メディアの観点からは、江戸と明治は切れ目なしに連続しており、明治維新の変革じたいが小さいものにみえてくる。そして学校教育は、日本の近代化を推進する原動力にほかならなかった。学校教育が〈近代の知〉を再生産し、その結果、文字と出版の機能はより強化された。新聞や雑誌といった近代の新たなメディアも、もとより文字と出版に支えられて大いに発展していった。

近代の新たな変化といえば、大正一四年(一九二五)に始まったラジオ放送(三年後に全国放送開始)であろう。声によるマスメディアの本格的な登場である。次いで、テレビの放送開始は昭和二八年(一九五三)のこと。テレビは、声に加えて動画映像が新たに加わった点で大きなインパクトがあった。評論家の大宅壮一が、テレビの登場をみて、「一億総白痴化」の言葉で警鐘を鳴らした。昭和三二年のことだった。テレビは一方向的な情報を受動的に視聴するメディア。しかもテレビの番組が、「紙芝居以下の白痴番組」のように大宅にはみえた(「言いたい放題」『週刊東京』一九五七年二月二日号)。テレビ放送が、書物を目で能動的に読むという知の伝達を危うくしかねない。メディア人間の大宅は、鋭敏にも、そうした危惧をいち早く感じとった。かれの過激な発言は、テレビの登場に受けた衝撃度の大きさを、逆に物語っているだろう。しかし結果からみれば、ラジオやテレビの電波のメディアは、ある意味で出版文化と補完・共存してきたようにみえる。既存の出版メディアの存在意義まで脅かすものとはならなかったといってよい。ところが、その次にやって来たデジタルメディアは、この事態を一変させた。

二一世紀のメディア革命

インターネットが日本で初めて商用に供されたのは平成五年(一九九三)のこと。インターネットの出現は、メディア史上、文字の登場に匹敵するほどの「メディア革命」であるかもしれない。パソコン一台あれば、人のコミュニケーションに関わるほぼすべての情報(文字・音声・画像・動画など)を、瞬時にしかも手軽にやりとりできる。受信だけでなく、発信も容易である。原理的には、だれもが、すべての人に向けて自由に発信でき、同時にあらゆる情報を受信できるシステムが登場した(橋元良明『メディアと日本人』)。さらにスマートフォンは、ポケットに入れて持ち歩くネット端末のデバイスである。出版や放送、映画などの既存のメディアは、組織や資本や設備などをもつ、いわば強者の側からの一方向的な発信であった。それが、インターネットなどのデジタル通信メディアでは、無力な一個人からでも発信できるようになった。この点で、メディアの「民主化」とみる向きもある。

このデジタル通信メディアの出現は、劇的に、しかも急激に世界を変えつつある。時間と空間の制約が一挙に減少し、際限なく情報へのアクセスが可能となってきた。情報量は圧倒的に大量となったが、他方で情報の質は保証されているわけではない。そこで受けとめる側の知、いわゆるメディアリテラシーが問われてくる。まぎれもなくいま「二一世紀のメディア革命」が進行中である。「一七世紀日本のメディア革命」以来の四〇〇年ぶりの革命、否、もしかしたら、文字の登場以来の千年単位のメディア革命なのかもしれない。

コミュニケーションの在り方が変わり、人の関係性も異質なものとなりつつある。加えて、人の意識と行動の変容もとどまるところを知らない。いずれも現在進行形である。社会的変化の大きさとその意味については、いずれ歴史的に検証されることがらである。本書の主題に関わる限りでいえば、〈知のつくりかた／つくられかた〉の変容こそが本質的な問題である。要するに、文字と出版を基底とした〈近代の知〉が、足元から崩れていっている。それはとりもなおさず、〈近代の知〉を再生産してきた学校教育の知の変質をともなわないではおかない。あえていえば、これは歴史的な近代の終焉を意味している。そう私は確信している。

近代の終焉と知の行方

学校の機能不全が指摘されるようになって久しい。繰り返しになるが、それは、学校が担ってきた〈近代の知〉そのものがすでに歴史的に不適合を起こしていることを示唆しているのではないか。かつて大学は、図書館の蔵書数が、そのステータスを象徴する一つの指標であった。蔵書数は、大学の知の集積ぶりを目に見える形で示していたからである。ところがいまや、学生の活字離れ・本離れはとどまるところを知らない。図書出版、なかでも学術出版が斜陽産業として語られ、一千万部の発行部数を誇ってきた新聞も、長期低落傾向に歯止めがかからない。メディアの主役の座は、確実にインターネットなどのデジタルメディアに置き換わりつつある。そのことはとりもなおさず、知の集積場としての大学の基盤が、足元から崩れつつあることを意味している。

インターネットは、知の〈外部化〉を極度に進めているようにみえる。知は、人の主体（身体）を離れて、ネット空間に乱雑にあふれている。〈知の身体化〉を疎外するこの流れは止まらない。そして、地球規模でのCOVID-19のパンデミックの発生は、その流れを瞬時に加速させた。ソーシャルディスタンスが求められ、リモートワーク、遠隔授業が常態化してきている。リモートワークの流れは以前からみられたことだが、COVID-19によって一挙に広がった。五感をはたらかせて、人が対面でつながる身体的なリアリティは、「新たな行動様式」のもとでは、望むべくもない。その結果、学びにおける身体性の疎外は、一段と強まってくる。

パンデミックが終息した後も、この流れが止まることはないだろう。完全な形で以前の日常に戻ることはない。とすれば、これからの人類の知は、どこで、どのようにしてつくられることになるのか。そして私たちの〈近代の知〉は、これからどこに向かうのか。それは、これからのメディアの在り方と、一体不離の問題である。

メディア史研究の佐藤卓己は、イヴァン・イリイチの学校教育批判をふまえて、身体性を欠いたデジタル教育への危惧を語っている。すなわち、コンピュータのリテラシーは、「生身の体を必要としない認知システム」であり、それは「文字によってものを考える精神」にダメージを及ぼし、そのため「教育が空洞化される危険性」があると指摘している（『現代メディア史新版』)。

直接的な人と人との触れ合いを妨げる行動様式は、人類の本来の属性に反することである。人類は他者とつながり、群れを成して社会システムを築き発展させることで、進化してきたのだから。とすれば、身体性の希薄化が進むなかで、〈知の身体性〉の復権を求めるバネが、どこかで強まってくるのではないだろうか。本書で、徂徠学の過度の漢文(文字)依存が、石田梅岩や本居宣長、平田篤胤らによる「声の復権」をもたらした例を見てきた。広くは、日本も含めた東アジア世界が育んできた〈知のつくりかた／つくられかた〉は、五感をそなえた人間の本来の属性に根ざしているはずである。人は生きていくうえで、地に足つける必要がある。自らが拠って立つ確固たる地盤が崩壊に瀕するとき、江戸の学びとその身体性が呼び戻されてくるのではないか。私はそこに期待したい。

あとがき

江戸期の思想を研究する立場から教育を考える、これが私のスタイルである。こういうと、江戸の思想がいまの教育とどうつながるの？と、不審に思われるかもしれない。私の戦略はこうである。まず江戸の、たとえば貝原益軒の本を読みこんで、益軒先生の考えを理解し、益軒になりきった眼でいまの教育を見る。そこでどう見えるかを問うのである。いわば外側から見た教育の風景は、近代の内部で見るのとは、よほど異なって見えてくる。そしてそこに必ず新たな発見がある。旧著『「学び」の復権――模倣と習熟』（角川書店、一九九九年、岩波現代文庫、二〇一二年）は、そうした戦略による私の報告であった。

やがてメディアのもつ重要性に気づいた。学校教育に〈適応しない／適応できない〉子どもたちが確実に増えている。学校は時代に合わなくなっているのではないか。年齢で区切った数十人の子どもたちに、一斉授業で教えるという近代学校のシステムは、歴史の役割を終えた、そう考えるようになった。その背景に、子どもをとりまく社会と文化の激変がある。学校の外側に、興味をそそるメディアがあふれ、学校が子どもの知的興味に応えられなくなっている。ほかのメディアと並べてみると、学校も知を伝えるメディアの一つであると思えてきた。いまやメディアの視点を組み込まなければ、教育の問題は語れない、そう確信している。

とりわけ、インターネットという新たなメディアの登場である。アラブ世界をあっという間に一変させた二〇一〇年末からの「アラブの春」も、トランプが勝った二〇一六年のアメリカ大統領選挙も、SNSのメディア抜きでは説明できない。まさにいま、メディアが歴史をつくっている。さらに、デジタルメディアの浸透が、人のつながり方と社会生活の日常、そして人の感覚まで、劇的に変容させている。子どもの学びだけが、これまでと同じでよいはずがない。

江戸の思想もメディアの観点から考えるようになった。私たちの知は、子ども時代の学校の学びでつくられている。では、学校を前提としない江戸時代人の知は、どこでどうつくられていたのか。子どもの学びの体験が、その後の知の基盤を成すことを思えば、江戸期の子どもの学びとそのメディアが気になってくる。さらに、思想(知)を〈語る/発信する〉メディアも、あわせて問題になる。メディアが、その受け手を規定するからである。とりわけその受け手の階層と関わり、思想の社会的文脈を明るみにだす。伝える内容以上に、メディアの形態が大きな意味をもつことを、私たちはすでに知っている。こうして私は、江戸の思想史をメディアの観点から描く可能性に気づくことができた。

その背景に、子安宣邦先生（当時、大阪大学教授）が主導された研究会があったことも付言しておきたい。一九九〇年代に一〇年ほど続いたその研究会では、思想史研究の方法論をめぐる議論が多く交わされた。思想家の内部に思想を読み込む思想史を排し、外に発せられた思想言説のもつ意味を、歴史空間・言説空間のなかでとらえる思想史の方法を、私はそこで学ぶことができた。梅岩と石門心学をメディアの観点からとらえた発表をしたのも、この研究会においてのことだった。本書第五章は、その論文がもとになっている。

本書は、学びとメディアの観点からこころみた私の江戸思想史である。取り上げた思想家は多くはない。草稿では、他にも準備した部分もあったが、バランスと精度を考慮し割愛した。本書のこころみがどこまで成功しているか、その判断は読者にまつほかない。

岩波書店新書編集部の杉田守康さんから、執筆のお誘いをいただいた。台湾大学在職中のことだったから、もう五年以上も前のことである。当初提示されたテーマとは別であったが、本書の構想を提案させていただいた。

生来怠惰の質、書き上げるまでに思いのほか時日を要した。その間、杉田さんには、粗雑な草稿の隅々にまで神経をいき渡らせた緻密な読みのもと、適切な助言をいただいた。プロの仕事を見せていただいた思いである。編集者とは、最初にして最良の読者であることを再認識できた。感謝の言葉もない。

なお、学友・桂島宣弘さんには、第六章の校閲をお願いした。また畏友・松沢哲郎さんと細田衛士さんには、草稿一読のうえ、コメントと励ましをいただいた。友情に感謝したい。

二〇二一年九月

辻本雅史

主要参考文献

序　章

唐木順三『現代史への試み――型と個性と実存』筑摩書房、一九四九年(新版、一九六三年)

阿部次郎『合本 三太郎の日記』岩波書店、一九一八年(角川文庫、一九五〇年)

第一章

川崎喜久男『筆子塚研究』多賀出版、一九九二年

リチャード・ルビンジャー、川村肇訳『日本人のリテラシー――一六〇〇―一九〇〇年』柏書房、二〇〇八年

大戸安弘・八鍬友広編『識字と学びの社会史――日本におけるリテラシーの諸相』思文閣出版、二〇一四年

八鍬友広『近世民衆の教育と政治参加』校倉書房、二〇〇一年

高木　侃『増補 三くだり半――江戸の離婚と女性たち』平凡社ライブラリー、一九九九年

ウォルター・J・オング、桜井直文・林正寛・糟谷啓介訳『声の文化と文字の文化』藤原書店、一九九九

一年
添田晴雄『文字と音声の比較教育文化史研究』東信堂、二〇一九年
川平敏文『徒然草の十七世紀――近世文芸思潮の形成』岩波書店、二〇一五年
石川松太郎『往来物の成立と展開』雄松堂出版、一九八八年
横田冬彦『日本近世書物文化史の研究』岩波書店、二〇一八年
鈴木俊幸『江戸の読書熱――自学する読者と書籍流通』平凡社、二〇〇七年
海原 徹『近世の学校と教育』思文閣出版、一九八八年
前田 愛『近代読者の成立』有精堂、一九七三年(岩波現代文庫、二〇〇一年)
中村真一郎『頼山陽とその時代』中央公論社、一九七一年(ちくま学芸文庫、二〇一七年)
山中浩之「元禄・享保期河内在郷町の文化」『大谷女子大学教育学会誌』一二、一九八七年
武田勘治『近世日本学習方法の研究』講談社、一九六九年
辻本雅史「教育社会の成立」『岩波講座日本歴史』第一三巻、二〇一五年
石川 謙『近世の学校』高陵社書店、一九五七年
入江 宏「郷学論」高木靖文編『近世日本における「学び」の時間と空間』渓水社、二〇一〇年
中村春作『江戸儒教と近代の「知」』ぺりかん社、二〇〇二年

第二章

佐野公治『四書学史の研究』創文社、一九八八年

辻本雅史『思想と教育のメディア史——近世日本の知の伝達』ぺりかん社、二〇一一年
大庭　脩『江戸時代における中国文化受容の研究』同朋舎出版、一九八四年
齋藤文俊『漢文訓読と近代日本語の形成』勉誠出版、二〇一一年
田尻祐一郎『山崎闇斎の世界』ぺりかん社、二〇〇六年
阿部吉雄『日本朱子学と朝鮮』東京大学出版会、一九六五年
澤井啓一『山崎闇斎——天人唯一の妙、神明不思議の道』ミネルヴァ書房、二〇一四年
子安宣邦『江戸思想史講義』岩波書店、一九九八年（岩波現代文庫、二〇一〇年）
和島芳男『日本宋学史の研究　増補版』吉川弘文館、一九八八年

第三章

石田一良『伊藤仁斎』吉川弘文館、一九六〇年
前田　勉『江戸の読書会——会読の思想史』平凡社、二〇一二年
山本正身『仁斎学の教育思想史的研究——近世教育思想の思惟構造とその思想史的展開』慶應義塾大学出版会、二〇一〇年
子安宣邦『伊藤仁斎の世界』ぺりかん社、二〇〇四年
李　芝映「元禄期における「日用」言説の浮上」『日本思想史学』四三、二〇一一年
平石直昭『荻生徂徠年譜考』平凡社、一九八四年
吉川幸次郎『仁斎・徂徠・宣長』岩波書店、一九七五年

子安宣邦『「事件」としての徂徠学』青土社、一九九〇年（ちくま学芸文庫、二〇〇〇年）
田尻祐一郎『江戸の思想史――人物・方法・連環』中公新書、二〇一一年
小川環樹「『論語徵』解題」『荻生徂徠全集』第四巻、みすず書房、一九七八年
中村春作『徂徠学の思想圏』ぺりかん社、二〇一九年

第四章

横田冬彦『日本近世書物文化史の研究』前掲
井上　忠『貝原益軒』吉川弘文館、一九六三年（新装版、一九八九年）
横山俊夫編『貝原益軒――天地和楽の文明学』平凡社、一九九五年
辻本雅史『思想と教育のメディア史』前掲
鈴木俊幸『江戸の読書熱』前掲
鈴木俊幸『近世読者とそのゆくえ――読書と書籍流通の近世・近代』平凡社、二〇一七年

第五章

川平敏文『徒然草の十七世紀』前掲
柴田　実「石門心学について」日本思想大系『石門心学』解説、岩波書店、一九七一年
石川　謙『石門心学史の研究』岩波書店、一九三八年
後藤宏行『「語り口」の文化史』晃洋書房、一九八九年

真下三郎「心学道話の言語的性格」『心学』一、一九四一年
高野秀晴『教化に臨む近世学問——石門心学の立場』ぺりかん社、二〇一五年
高野秀晴「教化メディアとしての心学道話聞書本」『日本の教育史学』四六、二〇〇三年
前田　愛『近代読者の成立』前掲
辻本雅史『近世教育思想史の研究——日本における「公教育」思想の源流』思文閣出版、一九九〇年
辻本雅史『思想と教育のメディア史』前掲

第六章

吉川幸次郎『仁斎・徂徠・宣長』前掲
子安宣邦『本居宣長』岩波新書、一九九二年(岩波現代文庫、二〇〇一年)
田中康二『本居宣長——文学と思想の巨人』中公新書、二〇一四年
榎本恵理「本居宣長の教養形成と京都」『日本の教育史学』四九、二〇〇六年
榎本恵理「方法としての和歌——本居宣長における和歌の意味」『教育史フォーラム』二、二〇〇七年
榎本恵理「道徳教育にむけての基礎的考察——本居宣長の共感の倫理の可能性」『同志社大学教職課程年報』五、二〇一五年
本居宣長記念館編『宣長の版本』本居宣長記念館、二〇一五年
宮地正人『歴史のなかの『夜明け前』——平田国学の幕末維新』吉川弘文館、二〇一五年
辻本雅史『近世教育思想史の研究』前掲

遠藤　潤『平田国学と近世社会』ぺりかん社、二〇〇八年
子安宣邦『平田篤胤の世界』ぺりかん社、二〇〇一年（新装版、二〇〇九年）
子安宣邦『鬼神論――神と祭祀のディスクール』白澤社、二〇〇二年
吉田麻子『知の共鳴――平田篤胤をめぐる書物の社会史』ぺりかん社、二〇一二年
桂島宣弘『思想史の十九世紀――「他者」としての徳川日本』ぺりかん社、一九九九年

終　章

中野目徹「明六社と『明六雑誌』」『明六雑誌』（上）解説、岩波文庫、一九九九年
山室信一「『明六雑誌』の思想世界」『明六雑誌』（下）解説、岩波文庫、二〇〇九年
戸沢行夫『明六社の人びと』築地書館、一九九一年
中村春作『思想史のなかの日本語――訓読・翻訳・国語』勉誠出版、二〇一七年
飛鳥井雅道『中江兆民』吉川弘文館、一九九九年
宮城公子『幕末期の思想と習俗』ぺりかん社、二〇〇四年
米原　謙『兆民とその時代』昭和堂、一九八九年
橋元良明『メディアと日本人――変わりゆく日常』岩波新書、二〇一一年
佐藤卓己『現代メディア史　新版』岩波書店、二〇一八年

辻本雅史

1949年，愛媛県生まれ．1978年，京都大学大学院教育学研究科博士課程退学．文学博士(大阪大学)．京都大学，国立台湾大学，中部大学の各教授を経て，
現在―中部大学フェロー，京都大学名誉教授，中部大学名誉教授
専攻―日本思想史，教育史
著書―『近世教育思想史の研究――日本における「公教育」思想の源流』(思文閣出版)
『「学び」の復権――模倣と習熟』(角川書店，岩波現代文庫・改版)
『日本徳川時代的教育思想與媒体』(台湾大学出版中心，中国語)
『教育を「江戸」から考える――学び・身体・メディア』(日本放送出版協会)
『思想と教育のメディア史――近世日本の知の伝達』(ぺりかん社)
『新体系日本史16 教育社会史』(共編，山川出版社)
ほか

江戸の学びと思想家たち　　岩波新書(新赤版)1903

2021年11月19日　第1刷発行
2022年1月25日　第2刷発行

著　者　辻本雅史《つじもとまさし》

発行者　坂本政謙

発行所　株式会社 岩波書店
〒101-8002 東京都千代田区一ツ橋2-5-5
案内 03-5210-4000　営業部 03-5210-4111
https://www.iwanami.co.jp/

新書編集部 03-5210-4054
https://www.iwanami.co.jp/sin/

印刷・精興社　カバー・半七印刷　製本・中永製本

ISBN 978-4-00-431903-0　　Printed in Japan

岩波新書新赤版一〇〇〇点に際して

ひとつの時代が終わったと言われて久しい。だが、その先にいかなる時代を展望するのか、私たちはその輪郭すら描きえていない。二〇世紀から持ち越した課題の多くは、未だ解決の緒を見つけることのできないままであり、二一世紀が新たに招きよせた問題も少なくない。グローバル資本主義の浸透、憎悪の連鎖、暴力の応酬――世界は混沌として深い不安の只中にある。

現代社会においては変化が常態となり、速さと新しさに絶対的な価値が与えられた。消費社会の深化と情報技術の革命は、種々の境界を無くし、人々の生活やコミュニケーションの様式を根底から変容させてきた。ライフスタイルは多様化し、一面では個人の生き方をそれぞれが選びとる時代が始まっている。同時に、新たな格差が生まれ、様々な次元での亀裂や分断が深まっている。社会や歴史に対する意識が揺らぎ、普遍的な理念に対する根本的な懐疑や、現実を変えることへの無力感がひそかに根を張りつつある。そして生きることに誰もが困難を覚える時代が到来している。

しかし、日常生活のそれぞれの場で、自由と民主主義を獲得し実践することを通じて、私たち自身がそうした閉塞を乗り超え、希望の時代の幕開けを告げてゆくことは不可能ではあるまい。そのために、いま求められていること――それは、個と個の間で開かれた対話を積み重ねながら、人間らしく生きることの条件について一人ひとりが粘り強く思考することではないか。その営みの糧となるものが、教養に外ならないと私たちは考える。歴史とは何か、よく生きるとはいかなることか、世界そして人間はどこへ向かうべきなのか――こうした根源的な問いとの格闘が、文化と知の厚みを作り出し、個人と社会を支える基盤としての教養となった。まさにそのような教養への道案内こそ、岩波新書が創刊以来、追求してきたことである。

岩波新書は、日中戦争下の一九三八年一一月に赤版として創刊された。創刊の辞は、道義の精神に則らない日本の行動を憂慮し、批判的精神と良心的行動の欠如を戒めつつ、現代人の現代的教養を刊行の目的とする、と謳っている。以後、青版、黄版、新赤版と装いを改めながら、合計二五〇〇点余りを世に問うてきた。そして、いままた新赤版が一〇〇〇点を迎えたのを機に、人間の理性と良心への信頼を再確認し、それに裏打ちされた文化を培っていく決意を込めて、新しい装丁のもとに再出発したいと思う。一冊一冊から吹き出す新風が一人でも多くの読者の許に届くこと、そして希望ある時代への想像力を豊かにかき立てることを切に願う。

（二〇〇六年四月）

岩波新書より

日本史

上杉鷹山 「富国安民」の政治　小関悠一郎
藤原定家『明月記』の世界　村井康彦
性からよむ江戸時代　沢山美果子
景観からよむ日本の歴史　金田章裕
律令国家と隋唐文明　大津透
伊勢神宮と斎宮　西宮秀紀
百姓一揆　若尾政希
給食の歴史　藤原辰史
大化改新を考える　吉村武彦
江戸東京の明治維新　横山百合子
戦国大名と分国法　清水克行
東大寺のなりたち　森本公誠
武士の日本史　髙橋昌明
五日市憲法　新井勝紘
後醍醐天皇　兵藤裕己
茶と琉球人　武井弘一

近代日本一五〇年　山本義隆
語る歴史、聞く歴史　大門正克
義経伝説と為朝伝説 日本史の北と南　原田信男
出羽三山 山岳信仰の歴史を歩く　岩鼻通明
日本の歴史を旅する　五味文彦
一茶の相続争い　高橋敏
鏡が語る古代史　岡村秀典
日本の近代とは何であったか　三谷太一郎
戦国と宗教　神田千里
古代出雲を歩く　平野芳英
自由民権運動〈デモクラシー〉の夢と挫折　松沢裕作
風土記の世界　三浦佑之
京都の歴史を歩く　小林丈広・高木博志・三枝暁子
蘇我氏の古代　吉村武彦
昭和史のかたち　保阪正康
「昭和天皇実録」を読む　原武史
生きて帰ってきた男　小熊英二

遺骨 戦没者三一〇万人の戦後史　栗原俊雄
在日朝鮮人 歴史と現在　水野直樹・文京洙
京都〈千年の都〉の歴史　高橋昌明
唐物の文化史◆　河添房江
小林一茶 時代を詠んだ俳諧師　青木美智男
信長の城　千田嘉博
出雲と大和　村井康彦
女帝の古代日本　吉村武彦
秀吉の朝鮮侵略と民衆　北島万次
コロニアリズムと文化財　荒井信一
特高警察　荻野富士夫
朝鮮人強制連行　外村大
古代国家はいつ成立したか　都出比呂志
渋沢栄一 社会企業家の先駆者　島田昌和
漆の文化史　四柳嘉章
平家の群像 物語から史実へ　高橋昌明
シベリア抑留　栗原俊雄

(2021.10)　◆は品切，電子書籍版あり．　(N1)

岩波新書より

アマテラスの誕生	溝口睦子
遣唐使	東野治之
戦艦大和 生還者たちの証言から	栗原俊雄
中世日本の予言書	小峯和明
歴史のなかの天皇◆	吉田孝
沖縄現代史〔新版〕	新崎盛暉
刀狩り	藤木久志
戦後史	中村政則
明治デモクラシー	坂野潤治
環境考古学への招待	松井章
源義経	五味文彦
明治維新と西洋文明	田中彰
奈良の寺	奈良文化財研究所編
西園寺公望	岩井忠熊
日本の軍隊	吉田裕
聖徳太子	吉村武彦
東西／南北考	赤坂憲雄
江戸の見世物	川添裕
日本文化の歴史	尾藤正英
熊野古道◆	小山靖憲
日本の神々	谷川健一
南京事件	笠原十九司
日本社会の歴史 上・中・下	網野善彦
神仏習合	義江彰夫
従軍慰安婦	吉見義明
中世に生きる女たち	脇田晴子
考古学の散歩道	田中琢 佐原真
武家と天皇	今谷明
中世倭人伝	村井章介
琉球王国	高良倉吉
昭和天皇の終戦史	吉田裕
幻の声 NHK広島8月6日	白井久夫
西郷隆盛	猪飼隆明
象徴天皇制への道	中村政則
正倉院	東野治之
軍国美談と教科書	中内敏夫
日中アヘン戦争	江口圭一
青鞜の時代	堀場清子
子どもたちの太平洋戦争	山中恒
江戸名物評判記案内	中野三敏
国防婦人会	藤井忠俊
日本文化史〔第二版〕	家永三郎
平将門の乱	福田豊彦
日本中世の民衆像◆	網野善彦
神々の明治維新	安丸良夫
戒厳令	大江志乃夫
漂海民	羽原又吉
真珠湾・リスボン・東京	森島守人
陰謀・暗殺・軍刀	森島守人
東京大空襲	早乙女勝元
兵役を拒否した日本人	稲垣真美
演歌の明治大正史	添田知道
天保の義民	松好貞夫
太平洋海戦史〔改訂版〕	高木惣吉
太平洋戦争陸戦概史	林三郎
近衛文麿	岡義武

岩波新書より

昭和史〔新版〕　遠山茂樹・今井清一・藤原彰
管野すが　絲屋寿雄
山県有朋◆　岡義武
明治維新の舞台裏〔第二版〕　石井孝
革命思想の先駆者　家永三郎
福沢諭吉　小泉信三
吉田松陰　奈良本辰也
「おかげまいり」と「ええじゃないか」　藤谷俊雄
人身売買　牧英正
犯科帳　森永種夫
大岡越前守忠相　大石慎三郎
江戸時代　北島正元
大坂城　岡本良一
織田信長　鈴木良一
応仁の乱　鈴木良一
歌舞伎以前　林屋辰三郎
源頼朝　永原慶二
京都　林屋辰三郎

奈良　直木孝次郎
日本国家の起源　井上光貞
日本神話◆　上田正昭
沖縄のこころ　大田昌秀
ひとり暮しの戦後史　塩沢美代子・島田とみ子
日本精神と平和国家　矢内原忠雄
日露陸戦新史　沼田多稼蔵
伝説　柳田国男
岩波新書で「戦後」をよむ　小森陽一・成田龍一・本田由紀
岩波新書の歴史 付・総目録1938-2006　鹿野政直

シリーズ 日本近世史

戦国乱世から太平の世へ　藤井讓治
村 百姓たちの近世　水本邦彦
天下泰平の時代　高埜利彦
都市 江戸に生きる　吉田伸之
幕末から維新へ　藤田覚

シリーズ 日本古代史

農耕社会の成立　石川日出志
ヤマト王権　吉村武彦
飛鳥の都　吉川真司
平城京の時代　坂上康俊
平安京遷都　川尻秋生
摂関政治　古瀬奈津子

シリーズ 日本近現代史

幕末・維新　井上勝生
民権と憲法　牧原憲夫
日清・日露戦争　原田敬一
大正デモクラシー　成田龍一
満州事変から日中戦争へ　加藤陽子
アジア・太平洋戦争　吉田裕
占領と改革　雨宮昭一
高度成長　武田晴人
ポスト戦後社会　吉見俊哉
日本の近現代史をどう見るか　岩波新書編集部編

岩波新書より

シリーズ 日本中世史

中世社会のはじまり 五味文彦
鎌倉幕府と朝廷 近藤成一
室町幕府と地方の社会 榎原雅治
分裂から天下統一へ 村井章介

(2021.10)

◆は品切，電子書籍版あり．(N4)

岩波新書／最新刊から

1900 新型コロナと向き合う ―「かかりつけ医」からの提言― 横倉義武 著
日医会長として初動の緊迫した半年間に新型コロナ感染症対応にあたった経験と、その後の知見を踏まえた、医療現場からの提言。

1901 ロボットと人間 人とは何か 石黒浩 著
ロボット研究とは、人間を深く知ることである。人間にとって自律、心、存在、対話とは何か。ロボットと人間の未来にも言及。

1902 視覚化する味覚 ―食を彩る資本主義― 久野愛 著
資本主義経済の発展とともに食べ物の色の持つ意味や価値がどのように変化してきたのかを、感覚史研究の実践によりひもとく。

1903 江戸の学びと思想家たち 辻本雅史 著
〈知〉を文字によって学び伝えてゆく「教育社会」が個性豊かな江戸思想を生んだ。〈学び〉と〈メディア〉からみわたす思想史入門。

1904 金融サービスの未来 ―社会的責任を問う― 新保恵志 著
金融機関は社会の公器たり得ているのか？徹底した利用者目線から、過去の不祥事を検証し、最新技術を解説。その役割を問い直す。

1905 企業と経済を読み解く小説50 佐高信 著
疑獄事件や巨大企業の不正を描いた古典的名作から、二〇一〇年代に刊行された傑作まで、経済小説の醍醐味を伝えるブックガイド。

1906 スポーツからみる東アジア史 ―分断と連帯の二〇世紀― 高嶋航 著
東アジアで開催されたスポーツ大会には、二〇世紀の情勢が鋭く刻印されている。政治に翻弄されるアマチュアリズムの歴史を読む。

1907 うつりゆく日本語をよむ ―ことばが壊れる前に― 今野真二 著
安定したコミュニケーションを脅かす、「壊れかけたことば」が増えている。日本語の今に私たちの危機を探り、未来を展望する。

(2022.1)